ベテラン教師が教える

目的別 スグでき！

学級あそびベスト100

上條 晴夫 監修
（東北福祉大学 子ども科学部子ども教育学科教授）

短時間でできる！子どもの心をしっかりつかむ！

ナツメ社教育書ブックス

ナツメ社

はじめに

本書は、学級あそびのアクティビティと
その運営法を提供するための本です。
大きく二つの部分に分かれています。
一つは「学級づくりで使えるあそび(アクティビティ)」。
もう一つは「授業づくりで使えるあそび(アクティビティ)」です。

従来の「学級あそび」の本では、
おもに学級づくりに焦点が当たっていました。
しかし本書は、学級づくりと授業づくりの両方を紹介しています。
指導の中により効果的に「あそび(アクティビティ)」を導入するには、
学級づくりと授業づくりの両方にそれを取り入れることが
重要であるという考えに基づいています。
この部分はとても大事だと考えています。

次に、左記の目的を達成するために、本書には次の特長があります。

①**休み時間や授業の導入、ちょっとした合間に、スグにできる**

②**子どもたちの心をつかむあそびを中心に選定**

③**現役教師による体験をもとに、あそびネタ１００を厳選**

④**海外アクティビティ（あそび）も意識して収載**

⑤**あそびはイラストを多用してわかりやすく解説**

⑥**実践している先生のアドバイスつき**

⑦**ねらいや効果、声かけのポイントが学べる**

本書の学級あそび（アクティビティ）を導入する際には、
学級づくりにそれを使うところから入れていくのが
よいだろうと思います。
しかし、せっかく楽しく体験的な学びを学級づくりで実践できたのに、
授業は従来の伝統的スタイルのままでは効果は半分です。

授業づくりにも少しずつあそび（アクティビティ）を
取り入れてみて下さい。
効果の現れ方が違ってくるはずだと思います。

2012年３月

監修　上條晴夫

本書の特長

学級づくりで使えるあそび（アクティビティ）

PART 1
**子どもとの
コミュニケーションが
深まるあそび**

先生と子どものコミュニケーションを促すあそびや、先生のことを知るクイズなど。学級開きのあとや子どもともっと仲良くなりたいときに。

PART 2
**クラスで問題が
起こりそうと思ったときに
使えるあそび**

子ども同士がぎくしゃくしていると感じるときや、ムードがしらけてきたときなどに。クラスの雰囲気を和ませたり活気を与えるあそびです。

PART 3
**学級の節目を
つくるあそび**

学級開きや新学期、席替え・班替えのあとなどに、子ども同士の交流を図るあそび。特別感のあるお楽しみ会におすすめのあそびも紹介します。

---

❶おすすめの学年
子どもの対象学年です。

❷人数
そのあそびに適した参加者数。班などに分かれて行うあそびは、最低目安人数を示しています。

❸場所
教室、校庭、体育館など、あそびに適した場所を示しています。

❹あそびのねらい
あそびの目的、効果などを解説します。

❺用意するもの
先生が事前に準備しておくものや、子どもたちがその場で使用するものなど。

❻導入のことばかけ
あそびを行う際に、先生から子どもたちへかける言葉の一例。セリフになっているのでそのまま使えます。

現役ベテラン教師が考案・厳選した100個のあそびを収録。
日本のあそびや外国のアクティビティを織り交ぜ、6つの目的別に分けて紹介します。

授業づくりで使えるあそび（アクティビティ）

PART 4
子ども同士の交わりを育み班学習に役立つあそび

隣の席の子や班のメンバーとのコミュニケーションを促したり、クラス全体の一体感を高めるあそび。協力し合う姿勢や話し合う力を育みます。

PART 5
集中orリフレッシュを促し授業に役立つあそび

落ち着かないときや気が散っているときなどに、集中力を高めたり気分をリフレッシュさせられるあそび。授業の導入や授業中に役立ちます。

PART 6
各教科の学習意欲や能力を引き出すあそび

あそびを通じて各教科の学習意欲をアップ！漢字の書き取り力を鍛える、計算に興味をもたせるなど、子どもたちの能力向上につながります。

❼あそび方
あそびの流れをイラストつきで解説。先生のセリフはそのまま使えます。子どものセリフは一例ですので、臨機応変に対応してください。

❽ここがポイント
あそびをスムーズに、かつ楽しく行うための注意点など。

❾夢中にさせるコツ
子どもたちがいまいち盛り上がっていないときの声かけや、もっと夢中にさせるための工夫を紹介しています。

❿ベテラン教師のアドバイス
あそびを行うタイミングや頻度、アレンジ法、現役教師が感じた子どもたちの変化、あそびの効果などを解説しています。

もくじ

2　はじめに
4　本書の特長

PART 1　子どもとのコミュニケーションが深まるあそび

14　①先生のことを楽しく知るあそび
　　「ホワイトボードクイズ」全学年

16　②先生との勝負が楽しくなるあそび
　　「スーパージャンケン」全学年

18　③先生の話を聞く姿勢を養うあそび
　　「あるあるリズム」全学年

20　④知的好奇心をくすぐる数あそび
　　「21ゲームで勝負!」高学年

22　⑤ほかの先生への親近感を高めるあそび
　　「校長先生の服装チェック!」中学年

24　⑥一つの輪を作り、一体感を味わうあそび
　　「誕生日の輪を作ろう」全学年

26　⑦先生と子どもたちの距離を縮めるあそび
　　「ウルトラマンがいいました」低・中学年

28　⑧食べるまねでコミュニケーション!
　　「先生が食べているものはな〜んだ?」低・中学年

30　⑨先生と子どもたちの気持ちを一つにする
　　「3回同じに」中・高学年

32　⑩先生のプロフィールをゲームで知る
　　「バラバラの文字、わかるかな?」全学年

34　⑪先生のかけ声で計算のトレーニング!
　　「二人の指」全学年

PART 2 クラスで問題が起こりそうと思ったときに使えるあそび

38	①ひと工夫したビンゴで教室を明るく! 「ピラミンゴ」 全学年	
40	②心を静めて、一気に集中力をアップ! 「集中ミラー」 全学年	
42	③歌で気分をすっきりリフレッシュ! 「カエルの歌」 全学年	
44	④返事がもっと上手になるあそび 「返事ゲーム」 低・中学年	
46	⑤協力し合うことの大切さを学ぶ 「シールで協力ゲーム」 中・高学年	
48	⑥男女の性差や将来について考える 「2人のヒロミ」 高学年	
50	⑦自分の感情をコントロールする 「感情の波をグラフに描く」 高学年	
52	⑧集中力と記憶力を高めるあそび 「どれが動いた?」 全学年	
54	⑨動物のジェスチャーでクラスを楽しく 「同じ仲間で集まろう」 全学年	
56	⑩身体を動かして友だちと心を通わせる 「勝者をマネろ」 全学年	
58	⑪悪口はナシ! よいところを探そう! 「みんなで褒め合いっこ」 全学年	
60	⑫隣の席の子と共同で絵を描くあそび 「ペアでイラスト」 全学年	
62	⑬音楽に合わせてめいっぱい体を動かす! 「跳ねて、踊って、一時停止!」 低・中学年	
64	⑭子ども同士の信頼感を高めるあそび 「ペアで目かくし歩き」 高学年	
66	⑮チームの結束やクラスの一体感を高める 「ごちそう当てゲーム」 中・高学年	

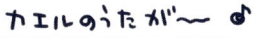

PART 3 学級の節目をつくるあそび

70 ①心を通わせ、人間関係を育むあそび
　「カウントアップ」 全学年

72 ②子ども同士の交流のきっかけを作る
　「4つの握手、どれにする?」 全学年

74 ③互いに自己紹介して交流を深めるゲーム
　「名札の持ち主を探そう!」 中・高学年

76 ④会話力を育てて新しい友だちを作る!
　「友だちの輪を広げるゲーム」 全学年

78 ⑤友だちの顔と名前を楽しく覚えるあそび
　「お友だちでビンゴ!」 中学年

80 ⑥スキンシップでもっと仲良くなる!
　「あの子にタッチ」 低・中学年

82 ⑦子どもたちの活発なコミュニケーションを図る
　「○人組を作ろう!」 低・中学年

84 ⑧校庭の木で四季の変化が楽しめる
　「これは何の木?」 全学年

86 ⑨クラスメートへの関心を高めるあそび
　「席替え間違い探し」 中学年

88 ⑩班で協力して高いタワーを作る!
　「スカイツリー」 全学年

90 ⑪スキンシップで親密度がアップ
　「ひざ乗りイス取りゲーム」 低学年

92 ⑫仲間ができる喜びを味わうあそび
　「同じ仲間、み〜つけた!」 全学年

94 ⑬学校生活の節目や季節を意識させる
　「耳を澄ませて、音、いくつ?」 低・中学年

PART 4 子ども同士の交わりを育み班学習に役立つあそび

- 98 ①色から物を連想して想像力を養う
  「僕（わたし）はこの目で」 低・中学年
- 100 ②ドキドキの心理戦でチームワークを養う
  「Up, Jenkins！」 低学年
- 102 ③オニごっこで集団のルールを学ぶ
  「いろいろなオニごっこ〜ドラキュラ」 全学年
- 104 ④助け合いを学び、学級に活気を与える
  「いろいろなドッジボール」 全学年
- 106 ⑤戦略を練るおもしろさを知るあそび
  「グーチョキパーの決戦」 全学年
- 108 ⑥意外な交流が生まれるビンゴゲーム
  「スペシャルナンバー」 高学年
- 110 ⑦助け合いや協力の大切さを分かち合う
  「5つの『円』でクラス円満ゲーム」 中学年
- 112 ⑧自分の学校や時事問題に詳しくなる！
  「アラウンドザワールド」 全学年
- 114 ⑨おもしろポーズが笑いを生む！
  「出世じゃんけん」 中・高学年
- 116 ⑩質問力がぐんとアップするあそび
  「背中の言葉当てゲーム」 中・高学年
- 118 ⑪「古今東西」のアレンジ版で記憶力を鍛える！
  「『古今東西』記憶力バージョン」 全学年
- 120 ⑫チームで協力し、支え合う心を育む
  「チーム対抗！イス取りゲーム」 全学年
- 122 ⑬耳を澄ませて言葉を当てる！
  「聖徳太子に挑戦！」 全学年
- 124 ⑭子ども同士の交流を深めて集中力を高める
  「友だちの連想当てゲーム」 全学年
- 126 ⑮班の友だちとのコミュニケーションを促す
  「6つの絵を合体！」 全学年
- 128 ⑯班のコミュニケーション＆想像力をアップ！
  「お絵描きリレー」 全学年

130 ⑰想像力&質問力を鍛えるあそび
「TWENTY QUESTIONS」 全学年

132 ⑱知識を共有でき、チームワークを高める
「知識のかけらを集めよう」 中・高学年

134 ⑲先生と子どもたちの関わりが密になる
「『ノアの箱舟』でペアづくり!」 低・中学年

PART 5 集中 or リフレッシュを促し授業に役立つあそび

138 ①隠れている漢字を見つけ出すあそび
「『東』の中に漢字がいくつ?」 全学年

140 ②たし算&引き算を拍手でトレーニング
「拍手であそぼ!」 低学年

142 ③リラックスして落ち着きを取り戻せるあそび
「1分間のクイック料理を召し上がれ!」 低・中学年

144 ④大きなかけ算に挑戦して感動を得る
「不思議な計算ピラミッド」 中・高学年

146 ⑤くり上がりのあるたし算に強くなる!
「10の補数ゲーム」 低学年

148 ⑥長さや大きさの感覚を養うあそび
「これが何センチかわかるかな?」 全学年

150 ⑦休み時間と授業のめりはりをつける!
「油断厳禁! 音読ゲーム」 中学年

152 ⑧想像力を刺激し、親子の会話を促す
「みかんを縦に切ってみる」 高学年

154 ⑨テンポよくたし算を練習できるゲーム
「あわせて10」 低学年

156 ⑩ヒントから連想して用語を覚える
「スリーヒントクイズ」 全学年

158 ⑪先生の話に集中して学習内容を定着させる
「ダウト!」 全学年

160 ⑫新しい言葉を知って語彙を増やすあそび
「ひらがなであそぼう!」 低学年

| 162 | ⑬子どもたちを気分転換させたいときに
「拍手でヒント」 低学年 |
| 164 | ⑭地図帳を使って地理に親しむあそび
「地名探しゲーム」 中・高学年 |
| 166 | ⑮新出漢字を復習して覚えられるあそび
「漢字伝達ゲーム」 全学年 |
| 168 | ⑯自由な発想力と想像力を高めるあそび
「どんなパンが好き?」 低学年 |
| 170 | ⑰いろいろな形に意識を向けるあそび
「鍵穴と鍵」 中学年 |
| 172 | ⑱漢字の画数や書き順をマスターする!
「漢字ジャンケンバトル」 低学年 |

PART 6 各教科の学習意欲や能力を引き出すあそび

| 176 | ①ビンゴゲームで楽しく復習しよう!
「教科書ビンゴ」 全学年 |
| 178 | ②ビンゴでいろいろな計算をマスターする!
「計算ビンゴ」 全学年 |
| 180 | ③物の名前を暗記して記憶力を高める
「瞬間メモリーゲーム」 低・中学年 |
| 182 | ④眼を鍛えて読む力&集中力を向上させる
「かくれている動物を探そう」 低・中学年 |
| 184 | ⑤言葉に集中して語彙力をアップ!
「書き取りしりとり」 全学年 |
| 186 | ⑥班で協力しながら俳句に親しむあそび
「新聞紙から名句を探す!」 高学年 |
| 188 | ⑦聞く・話す・書く力を育てるあそび
「うわさの『尾ひれ』を考える」 高学年 |
| 190 | ⑧オノマトペで語感を養うあそび
「箱の中身はなんだろう?」 中学年 |
| 192 | ⑨動詞のボキャブラリーを増やす
「話をチェンジ!」 中・高学年 |

194	⑩文節を意識して文章力を鍛える！ **「文を上手に作る」** 全学年
196	⑪4つの数字を使った計算ゲーム **「ナンバープレートゲーム」** 高学年
198	⑫漢字を分解して書き取りの力をアップ！ **「分解漢字づくりバトル」** 中・高学年
200	⑬かけ算の苦手意識を払拭して興味津々 **「先生はかけ算のマジシャン！」** 高学年
202	⑭電卓で計算のおもしろさを味わう **「電卓あそび」** 高学年
204	⑮子どもの誕生日をピタッと当てる！ **「先生は超能力者！？」** 高学年
206	⑯大好きなシャボン玉で身体能力を高める **「シャボン玉割り」** 全学年
208	⑰ナンバースクエアで数量感覚を身につける **「どんな模様になるかな？」** 全学年
210	⑱人名など暗記ものを定着させる **「ボールより速く7つ挙げろ！」** 高学年
212	⑲歴史上の人物の特徴を楽しく定着させる **「あなたが好きな歴史上の人物は？」** 高学年
214	⑳動詞に親しみ言葉の豊富さを知る **「コーヒーポット」** 中学年
216	㉑都道府県の名前と特徴が覚えられる **「毎日5分！ 都道府県クイズ」** 中・高学年
218	㉒難読漢字に親しみ、読み・書きの力を養う **「フラッシュカードで難解漢字に勝つ！」** 中・高学年
220	㉓部首や漢字に興味をもたせるあそび **「オリジナル部首別漢字辞典」** 中・高学年
222	㉔テストの出題傾向を意識して楽しく復習 **「テストを予想！ 直前クイズ大会」** 全学年

コラム

36	あそびを行うときの先生の心得
68	子どもとあそび 〜低学年〜
96	子どもとあそび 〜中学年〜
136	子どもとあそび 〜高学年〜
174	あそびと子どもたちの知力・体力

PART 1

子どもとの
コミュニケーションが
深まるあそび

PART 1　子どもとのコミュニケーションが深まるあそび①

スグでき！　先生のことを楽しく知るあそび

ホワイトボードクイズ

おすすめの学年＞全学年　　人数＞全員　　場所＞教室

あそびのねらい
先生のプライベートなことをクイズにします。学級開きのタイミングで行うと、先生への親近感がぐんとアップ。班で協力してゲームに挑戦することでチームワークも養います。

用意するもの
● ホワイトボード
● マジック
　（各、班の数分）

導入のことばかけ
「さあ、これからホワイトボードを使ってクイズゲームをするよ！班の対抗戦です。じゃあ、班ごとに席をかためてー！」

●あそび方

1 各班にホワイトボードとマジックを配ります。

グループで相談して

2 先生がクイズを出題します。

先生：さて、先生は中学生の時、何部に所属していたでしょうか？

ここがポイント　子どもたち全員が予想でき、にぎやかに話し合える問題が○。

3 班で相談して、代表者がホワイトボードに答えを書きます。

先生: さあ、班で相談してみて。1問目は、誕生日が一番早い人を中心に話してみよう

子: は〜い

> **ここがポイント**
> 「一番後ろ、窓側の人を中心に話してみよう」などと声かけをすると、いろいろな子が話の中心になれる。

4 班の代表者が一斉に答えを出します。正解した班には1ポイント！

先生: そろそろいいかな？　では、オープン！

子: せーの！

先生: 正解は、野球部です！△班は1ポイント！

> **夢中にさせるコツ**
> 「ジャージャン！」「オープン！」など、テレビで使われている効果音やセリフを使うと盛り上がります。テレビ番組の疑似体験で非日常的な空間に。

ベテラン教師のアドバイス

- ✓ 3択や○×など、さまざまな形式の問題を取り入れると盛り上がります。
- ✓ 「先生がヨーロッパで行ったことのある国は？」など、学年に合わせて学習につながるクイズを織り交ぜるのもよいでしょう。
- ✓ コミュニケーションがぎくしゃくしがちな長期休暇明けに行うのも◎。
- ✓ 日直などを指名して子どもに関わるクイズを出題しても。さらに答えがほかの班とかぶらなければ1ポイントをもらえるアレンジ版も試してみて。

PART 1 ホワイトボードクイズ

PART 1　子どもとのコミュニケーションが深まるあそび②

スグでき！　**先生との勝負が楽しくなるあそび**

スーパージャンケン

おすすめの学年＞全学年　　人数＞何人でも　　場所＞どこでもよい

あそびのねらい
ふだん、よくするジャンケンを、先生と勝負するときはグレードアップ！　グーチョキパーよりも難易度が上がり、戦略性を楽しめます。笑顔があふれ、先生と子どもたちの距離も縮まるでしょう。

用意するもの
● 特になし

導入のことばかけ
帰りの会で「みんなはよくジャンケンをすると思うけど、これから先生と『スーパージャンケン』をしましょう。先生に勝った子から帰れます。ルールを説明するよ！」

● **あそび方** ●●●●

1 キツネの形の「スーパーコンちゃん」を練習します。

先生：先生の手をよく見てね。このキツネの形は「スーパーコンちゃん」といいます。スーパーコンちゃんは、グーチョキパーのすべてに勝てます。ただし、「幸せの鳥」には負けます

2 ハトの形で「幸せの鳥」を練習します。

先生：じゃあ、「幸せの鳥」をやってみるよ。これはハトの形だよね。幸せの鳥は、スーパーコンちゃんには勝てるけれど、グーチョキパーには負けます。わかったかな？　隣の席の子と練習してみよう

ここがポイント　いきなり本番は難しいので、ルールが理解できたら、数回練習する。

3 先生と子どもたちで勝負します。

先生：じゃあ、先生とスーパージャンケンで勝負するよ！ スーパージャンケンポイ！

スーパージャンケンポイ！

夢中にさせるコツ

両手を使う素振りで『幸せの鳥』と思わせるなどのフェイントを。
どんな手でくるのか、子どもたちの期待感がアップ！

4 勝った子どもから帰れます。

勝った！

先生：先生はスーパーコンちゃんだから、幸せの鳥の人は勝ちです

勝った〜！ 先生、さよ〜なら〜！

ベテラン教師のアドバイス

✓ あいこが複雑なので、子ども同士ではうまくいかないことも。あくまで2のときの練習程度にとどめ、先生と一緒に楽しむあそびとして定着させましょう。

✓ 給食のときのおかわりジャンケンでも活用できます。

✓ ふつうのジャンケンよりも短時間で勝敗がつくので、決め事をするときもスムーズに進められます。

PART 1 スーパージャンケン

PART 1　子どもとのコミュニケーションが深まるあそび③

スグでき！ 先生の話を聞く姿勢を養うあそび

あるあるリズム

おすすめの学年＞全学年　人数＞全員　場所＞教室

あそびのねらい
テーマのお店屋さんに、先生の言う品物があるか、ないかをリズムにのって答えるゲーム。先生の言葉をしっかり聞いていないと間違えてしまうため、注意深く聞く姿勢や集中力を養います。

用意するもの
● 特になし

導入のことばかけ
「みんな、くだものは何が好きかな？（子ども「みかん！」など）くだもの屋さんにはいろんなくだものが置いてあるよね。先生がこれから言うくだものが、くだもの屋さんにあるか、ないか、みんなに答えてもらうゲームをします」

● あそび方

1 先生がルールを説明します。

先生：「先生の言うくだものが売っている物なら「ある、ある！」といいながら拍手を2回します。売っていない物なら何も言わず、拍手もナシです。わかったかな？」

子ども：「はーい！」

2 ここから本番です。ゲームスタート！

先生：「じゃあ、いくよ！　イチゴ！」
子ども：「ある、ある！」

先生：「リンゴ！」
子ども：「ある、ある！」

> 🔔 **ここがポイント** スムーズに読み上げられるように、名前をリストアップしておくこと。

3 間違えてしまった子どもは、1回目はイスに、2回目は床に座ります。

先生：サンゴ！

子ども：ある…、あっ

先生：サンゴはないよ〜！ じゃあ、〇〇くんは着席してね。次に間違えると床だから、がんばって！

夢中にさせるコツ
ひっかけ問題を1、2つ用意しておきましょう。ただし、間違えた子どもが笑えるような楽しい雰囲気作りを。

4 3分程度で切り上げて、残った人は全員、今日のチャンピオンです！

先生：今日はこれで終わりにします。残った人は全員、チャンピオン！

ベテラン教師のアドバイス

- ✔ 子どもたちが集中するので、休み時間が終わってもざわざわしているときなどの切り替えに。
- ✔ 子どもたちが家の人とくだもの屋さんや八百屋さんなどに買い物に行ったとき、品物に関心を寄せるかもしれません。世の中にはいろいろな物が売られていて、大事にしなければいけないことも伝えられるといいですね。

PART 1　子どもとのコミュニケーションが深まるあそび④

知的好奇心をくすぐる数あそび

スグでき！

21ゲームで勝負！

おすすめの学年＞高学年　人数＞全員　場所＞教室

あそびのねらい

21個の○を交互に取り合うあそびです。必勝法を知っている先生は無敵！　子どもたちは不思議に思い、勝つための計算式にたどり着こうと考えます。算数、とくに計算に対して興味をもつように。

用意するもの
- ○を書いたプリント
- 筆記用具

導入のことばかけ

「これから黒板に書いた○を取り合うあそびをします。誰が一番強いかな？　先生はとっても強いよ！　みんなもルールを覚えて、ぜひ挑戦してね！」

●あそび方

1 先生が黒板に○を21個書き、一人指名します。

先生：「では、一度試しにやってみましょう。○○くん、前に出て手伝ってください」

2 先手・後手を決めて、○を交互に取り合います。

先生：「1回で取れる○の数は最大3個です。最後の21個目の○を取った方が勝ち。では、先攻後攻を決めるジャンケンをしましょう」

子ども：「（21個目を取られて）負けちゃった〜！」

3 子どもたちは隣の席の子とペアになり、○を書いたプリントで対戦します。

先生：では、みんなにはプリントを配ります。まずは隣の席の子と対戦してね

❗ここがポイント
口頭で行うより、紙に書かせるほうが必勝法を考えやすい。

4 先生も子どもたちと対戦しましょう。

先生強〜い！

夢中にさせるコツ
先生は何人かと黒板で勝負して勝ち続けます。子どもたちは驚き、何か必勝法があるのではと考えるように。

ベテラン教師のアドバイス

✔ 必勝法は、（○の総数）÷（1回で取れる○の数＋1）の余りに（1回で取れる○の数＋1）の倍数を足した数の○個目まで取ること。
　例　21÷（3＋1）の余りは1。1＋（3＋1）の倍数
　→常に、21、17、13、9、5個目までの○を取るようにする。

✔ 算数の授業の隙間の時間や、お楽しみ会などでもおすすめ。

✔ 必勝法に気づく子どもが何人も出てきたらルールを変えましょう。○の総数や、1回に取れる○の数を変えると、また楽しめます。

PART 1　21ゲームで勝負！

PART 1　子どもとのコミュニケーションが深まるあそび⑤

スグでき！ ほかの先生への親近感を高めるあそび

校長先生の服装チェック！

おすすめの学年＞中学年　人数＞全員　場所＞教室

あそびのねらい
子どもたちは日頃、他の先生を意外に見ていなかったりするものです。校長先生の服装を当てるゲームで先生たちへの関心や意識が高まり、コミュニケーションをとる機会にもなります。

用意するもの
● 特になし

導入のことばかけ
「今朝、何を食べたか覚えている人？（子どもたち「パン」「おにぎり」）
すごい記憶力だ！（子どもたち「当たり前だよ～」）じゃあ、これは覚えているかな？」

●あそび方

1 先生が子どもたちに、校長先生の今日の服装を尋ねます。

（先生）校長先生が今朝、朝礼で話していたとき、どんな服を着ていたでしょうか？

（吹き出し）今日の校長先生の服装は？

2 子どもたちの発言を板書します。

- グレーのスーツだった！
- 赤いネクタイしてたよね？
- ネクタイ、紺色じゃなかった？

夢中にさせるコツ
校長先生の全身像を書き、色や柄をメモします。3の答え合わせのとき、校長先生に絵の横に立ってもらいましょう。

3 校長先生に登場してもらいます。その際、一言お話してもらいます。

先生：みんなの記憶は合ってるかな？　では、校長先生の登場です！

え!?

あ、赤いネクタイ、当たってる！

!ここがポイント　校長先生にお話ししてもらうと、子どもたちの親近感がアップ。

3 何人か指名した子に感想を言ってもらい、みんなで振り返ります。

先生：○○くん、自分の記憶力についてどう思った？

びっくりしました！

ネクタイはおぼえていました！

朝、校長先生を見たばかりなのに、全然覚えてなくてびっくりした！

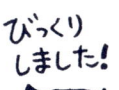

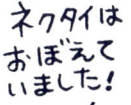

友だちの意見につられちゃいました

ベテラン教師のアドバイス

✔ 3のとき、校長先生が忙しくて来られない場合は、代表者が休み時間にチェックしに行きます。

✔ 4のときにしっかりと振り返って、各自、日頃の注意力や発言の仕方を意識させることが大切。

✔ 校長先生だけでなく、音楽の先生、隣のクラスの先生など子どもたちがその日に見た先生に協力してもらってもよいでしょう。

PART1 校長先生の服装チェック！

○月×日　日直

PART 1　子どもとのコミュニケーションが深まるあそび⑥

スグでき！　一つの輪を作り、一体感を味わうあそび

誕生日の輪を作ろう

おすすめの学年＞全学年　　人数＞10人以上　　場所＞体育館など

あそびのねらい
先生と子どもたちが誕生日順に並び、輪を作ります。言葉を話せないというルールの下、相手をよく見て、気持ちを読み取らなければなりません。輪が完成したとき、一体感と達成感が味わえます。

用意するもの
● 特になし

導入のことばかけ
「これからみんなで一つの輪を作るあそびをします。キーワードは、誕生日。みんなの中で、先生の誕生日を知っている人はいますか？」

●あそび方

1 先生がルールを説明します。

先生
> 先生は3月30日生まれです。みんなは先生が立つ位置から時計回りに、誕生日の早い順に並んでもらいます。もしも3月31日生まれの子がいたら、先生の左隣になるよね。ただし、並ぶときに話したらダメです。近くにいる子と身振り手振りで、お互いの誕生日を伝え合って並んでください。わかったかな？

2 先生が立つ位置を示して、ゲームスタート！

先生
> では、ここが3月30日です。制限時間は3分です。絶対に話したらダメだよ。では、よーい、スタート！

3 子どもたちは身振り手振りで伝え合い、
だんだん円ができていきます。

先生：残り、あと1分だよ〜！
相手の身振り手振りを
よ〜く見てね

夢中にさせるコツ

残り時間を告げると、子どもたちは必死に伝えようとします。相手のジェスチャーもきちんと見るように声かけを。

4 制限時間がきたら、
順に誕生日を
発表していきます。

先生：はい、終わり〜！
では先生の左側の子
から、順番に誕生日
を発表してください

4月3日です！

ここがポイント 順番を間違えた子がいても落ち込まないように、明るい雰囲気で。

ベテラン教師のアドバイス

✔ ふだんおとなしい子も輪に加わる喜びを味わいます。
誕生日を大きな声で発表できたら、個人的に褒めてあげましょう。

✔ 終了後、数人の子にあそびの感想を言ってもらってもよいですね。

✔ 2のとき、先生の立つ位置を1月1日とするのが既存のあそび方。
それもわかりやすくてよいですが、先生も自分の誕生日で
輪に加わると、子どもたちはより親近感を覚えるでしょう。

PART 1 誕生日の輪を作ろう

PART 1　子どもとのコミュニケーションが深まるあそび⑦

スグでき！　先生と子どもたちの距離を縮めるあそび

ウルトラマンがいいました

おすすめの学年＞低・中学年　　人数＞何人でも　　場所＞広い場所

あそびのねらい
先生がウルトラマンの代理人となって出す指示に、子どもたちが従います。間違えてもOK。楽しく気軽に参加できるあそびです。先生と子どもたちの距離がぐっと縮まるので、学級開きの後などに。

用意するもの
- 特になし

導入のことばかけ
「これから楽しいゲームをします。どんなゲームかというと、ウルトラマンの言う通りに動くというもの。ちょっと気になるでしょ？　みんなでやってみましょう！」

●あそび方

1 先生がルールを説明します。

先生：先生が「ウルトラマンがいいました。腰に手を当てて」といったら、腰に手を当てます。ウルトラマンの言うことは絶対なのです。ただし、「ウルトラマンがいいました」という前置きがなく、先生が勝手にいったことは、やってはいけません。わかったかな？

2 全員が理解したら、ゲームスタート！

先生：では全員立って、最初はゆっくり始めてみましょう。準備はいいかな？

子ども：はーい！

先生：ウルトラマンがいいました。頭の上に、手をのせよう！

（吹き出し）頭の上に手をのせよう

！ここがポイント
指示する動作をあらかじめ考えておき、リズミカルに進める。

3 時々、ひっかけ問題を入れると楽しいです。

先生: はい、手を下ろして〜

子: あ〜っ！

先生: ウルトラマンがいってないことはやったらダメだよ〜！ 次は気を付けてね。じゃあ、もう1回始めるよ！

> **夢中にさせるコツ**
> 子どもたちがリズムをつかんできたころにひっかけ問題を入れると、メリハリがついて盛り上がります。

4 そろそろゲームを終わらせます。

先生: ウルトラマンがいいました。みんな、もう終わりだよ〜

子: え!?

先生: みんなで拍手！

子: わー！

ベテラン教師のアドバイス

✔ ウルトラマンではなくても、先生の名前や、子どもたちの好きなキャラクターなどでも構いません。先生がリズムにのって言いやすい名前を決めてください。

✔ 頭の上に手をのせた後に、つま先をさわるなど、アクションが大きくなるように指示を出すと、さらに盛り上がります。

PART 1　子どもとのコミュニケーションが深まるあそび⑧

スグでき！　食べるまねでコミュニケーション！

先生が食べているものはな〜んだ？

おすすめの学年＞低・中学年　　人数＞何人でも　　場所＞教室

あそびのねらい
ジェスチャーを見て料理を当てるゲームです。先生の好物や思い出の料理をお題にすると、子どもたちが先生のことを知るきっかけにも。学級が騒がしいときや集中させたいときに行うとよいでしょう。

用意するもの
● 特になし

導入のことばかけ
なし。先生はいきなり、食べるジェスチャーをします。子どもたちが「先生、なにしてるの？」などと注目し始めたら、ゲームスタートです。

●あそび方

1 先生は食べるジェスチャーを続けながら、クイズを出します。

先生：これね、先生の大好物なんだ。昨日食べてすごーくおいしかったから、また食べたくなっちゃってね

子ども：へぇ〜

先生：なんの食べ物か、わかるかな？

ここがポイント
ジェスチャーは大げさに、子どもたちからよく見えるようにやる。

2 子どもたちが考えている間、先生はヒントを出します。

子ども：スープかな？

先生：先生はこのやわらか〜いお肉も大好きなんだよ。パクッ。アチチ。ニンジンが嫌いな子もいるだろうけど、先生は大好きだな

夢中にさせるコツ

「アチチ」「上に乗ってる具がほくほくとして〜」など、子どもたちが観察しがいのあるヒントを出しましょう。臨場感たっぷりのおいしそうなヒントを出すほど、子どもたちも夢中に！

PART 1 先生が食べているものはな〜んだ？

3 当たりが出たら、先生は正解を発表します。

- わかった！ はい！（挙手）
- 先生：はい、〇〇くん
- カレーライスだ！
- 先生：当たり！ カレーライスでした！

4 みんなで食べるジェスチャーをします。

- いただきまーす！
- いただきまーす！
- 先生：みんなもカレーライスは大好きだよね！

ベテラン教師のアドバイス

✓ 子どもたちの食べ物に関する好奇心が高まり、想像力を鍛えるのにもおすすめのゲームです。

✓ 中学年の場合は、たとえばカレーライスではなくハヤシライス、という風にお題にひとひねり加えると、さらに盛り上がります。

✓ 給食の前の時間など、おなかが空き始めるころはやらないほうが○。

PART 1　子どもとのコミュニケーションが深まるあそび⑨

先生と子どもたちの気持ちを一つにする

スグでき！

3回同じに

おすすめの学年＞中・高学年　人数＞全員　場所＞教室

あそびのねらい
子どもたちは先生とジャンケンをして、同じ手を3回出せたら上がり。先生の手の規則性に気付いたとき、喜びと気持ちよさを味わうでしょう。一斉にジャンケンをすることで協調性も育みます。

用意するもの
● 特になし

導入のことばかけ
「これから先生と気持ちを一つにする練習をしましょう。方法は簡単。みんなもふだん、よくやっているジャンケンです。じゃあ、ルールを説明するね」

●あそび方

1 先生がルール説明をします。

先生：先生とジャンケンをして、3回続けて、先生と同じものを出せたら着席していってください。わかったかな？

2 子どもたちは全員立って、先生とジャンケンをします。

先生：それじゃあ、いくよ！ジャン、ケン、ポン！

ジャン、ケン、ポン！

3 先生はグー、チョキ、パーのパターンを決めて出し続けます。

先生:「それじゃあ、いくよ！ジャン、ケン、ポン！」

「ジャン、ケン、ポン！」

「やった！」

> **夢中にさせるコツ**
> ジャンケンのテンポを少しずつ速くしていくと活気が生まれ、子どもたちの気分も盛り上がります。

4 早く座った子に、なかなか座れない子へアドバイスを促します。

先生:「1回ストップしまーす。着席している子は、ジャンケンをしている子にアドバイスをしてあげてね」

「先生の出すものを、続けてよく見てみて！」

> **❗ ここがポイント**　なかなか座れない子へのフォローを忘れずに。ヒントを出しても◯。

ベテラン教師のアドバイス

✓ 月1回くらいの頻度で行うのがよいでしょう。
　たとえば毎月第一月曜日などと決めておくと、
　先生と子どもたちのお楽しみのイベントになります。

✓ 回を重ねると子どもたちも慣れてくるので、時折、
　先生の手の規則性を難しく。たとえば「グーチョキパーチョキグー」から
　「グーチョキパーパーチョキパーグー」など。

PART 1 子どもとのコミュニケーションが深まるあそび⑩

スグでき！ 先生のプロフィールをゲームで知る

バラバラの文字、わかるかな？

おすすめの学年＞全学年　人数＞全員　場所＞教室

あそびのねらい
バラバラになっている文字の元の言葉を当てるゲームです。先生のプロフィールや思い出にまつわる言葉をお題にして楽しく知ってもらいましょう。学校や地域に関連する言葉もおすすめ。

用意するもの
● 画用紙

導入のことばかけ
「これからみんなともっと仲良くなるために、先生のことを少し知ってもらおうと思います。ふつうに自己紹介をするよりもおもしろく、ゲームをしましょう」

●あそび方

1 あらかじめ画用紙に、先生にまつわる言葉（趣味、好物など）の文字をバラバラに入れ替えて書いておきます。
（例：ハンバーグ→ンバグハー）

ここがポイント 簡単に当てられる言葉からだんだん文字を多く、難しくすると◯。

2 子どもたちに1問、提示し、興味をひいてからルールを説明します。

先生：ジャン！（と画用紙を出す）

子：ン、バ…

先生：そう、文字がバラバラになってしまっているので元に戻してください。ヒントは、先生が一番好きな食べ物です

3 続けて、問題を出していきます。

先生: 次はこれ、ジャン！　ヒントは、先生の人生で一番こわかった体験です

（ジャージ……？）

（ジャープ　ジバンン）

女の子: バ、バ…

女の子: バンジージャンプだ！

先生: 当たり！

> **夢中にさせるコツ**
> バンジージャンプの思い出など、答えから話を派生させても。
> 子どもたちは興味津々で聞き入るでしょう。

4 紙芝居のように問題を出していき、最後の1枚で終わり。

先生: はいこれで最後です。ジャン！

先生: ヒントは？

先生: ヒントは、もう言ったよ

女の子: あ、おしまい！

（おしまい！）

（イシオマ）

先生: 当たり！　これでおしまいです

ベテラン教師のアドバイス

✔ 4のとき、次の指示（たとえば掃除など）を問題にすると、楽しくスムーズに次の行動に移れるでしょう。

✔ 子どもたちの集中力が高まるので、授業の導入にもおすすめ。前の日に習ったことやその日の授業の単元をお題に。

✔ 班対抗戦にして、相談OKにするとコミュニケーションが図れます。

PART 1　バラバラの文字、わかるかな？

PART 1　子どもとのコミュニケーションが深まるあそび⑪

スグでき！

先生のかけ声で計算のトレーニング！

二人の指

おすすめの学年＞全学年　　人数＞2人　　場所＞教室

あそびのねらい

指を使ってたし算や引き算の練習をします。リズムに乗って指や体を動かし、子どもたちも大張り切り！　問題を答える際の瞬発力が備わります。計算問題を行う前のウォーミングアップに。

用意するもの

● 特になし

導入のことばかけ

「これから『二人の指』というゲームをします。みんな、両手を出して～。
（先生も手を出して）グーが0、人差し指を出すと1、チョキが2、薬指も出すと3、小指も出すと4、パーが5です。さらに、もう一方の手の人差し指を出すと6…、これで7、8、9と数が増えていき、両手を全部広げると10になります」

● あそび方

1 先生と子どもたちで数回、練習します。

先生：まず、先生とみんなで練習しましょう。席を立って～

子ども：はーい！

先生：先生が「合わせて〇（数字）」と言ったあと、みんなで「いちにの、いくつ」と言いながら、指で0～10までの数字を出します。ちょっとやってみましょう。「合わせて7！」。いちにの、いくつ（指を出す）

子ども：いちにの、いくつ（指を出す）

先生：先生は今、5（パー）を出したので、2（チョキ）を出した子は、合わせて7になるよね

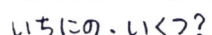

いちにの、いくつ？

2 子どもたちはペアになって行います。

先生：じゃあ、隣の席の子とやってみよう。「合わせて6！」

子ども：いちにの、いくつ

先生：6になったペアは合格です。じゃあ、続けていくよ！

合わせて6！

3 次は、引き算にチャレンジします。

先生：次は、先生が「引いて○（数字）」と言った数字になれば合格です。では、やってみよう！　引いて3！

子ども：いちにの、いくつ

引いて3！

> **ここがポイント**　たし算・引き算・かけ算は学年や授業の進度に合わせて。

4 次は、かけ算にチャレンジします。

先生：次は、先生が「かけて○（数字）」と言った数字になれば合格です。では、やってみよう！　かけて10！

子ども：いちにの、いくつ

かけて10！

> **夢中にさせるコツ**
> 初日はゆっくりめのテンポで。子どもたちの様子を見ながら早めに切り上げると、次回が楽しみになります。

ベテラン教師のアドバイス

✔ 子どもたちが慣れてきたら
　合格の回数を競うペア対抗戦を行っても盛り上がるでしょう。

✔ 3回行ったらペアを変えるなどのルールを取り入れると、
　子どもたちは飽きず、子ども同士が交流する機会になります。

PART 1　二人の指

> あそびを行うときの先生の心得

子どもたちの様子をよく見て先生も心から楽しむ

　本書で紹介しているあそびは、基本的に「スグできる」ものです。子どもたちが慣れないうちは、多少、時間がかかってしまうあそびもあると思いますが、初めて行う際は、事前になるべく具体的にイメージしてから臨（のぞ）んでください。もちろん、子どもたちの反応は読み切れないことも多分にありますが、先生がスムーズにリードできるように心がけましょう。

　ルール説明は、はっきりとした口調でわかりやすく。なるべく簡潔な言葉でまとめて、手本を示すときは身振り手振りを使い、オーバーなくらいのアクションのほうが伝わります。あそびの内容や子どもの学年によっては、やりながら覚えるほうがよいものもあります。各あそびのページのポイントやアドバイスを参考に、子どもたちの様子を見て判断してください。

　なかでも、終わりが明確に決まっていないあそびなどの場合、子どもたちは盛り上がると「もっとやろうよ〜！」と続けたがることもあるでしょう。しかし、メリハリが大事。あらかじめ時間の目安を伝えておき、「もう少しあそびたかったな〜」とあとを引くくらいのタイミングで終えるのがベストです。子どもたち全員に目を配り、反対に、子どもたちの反応が薄いなと感じたときは、パッと早めに切り上げること。あそびは無理やりやらせるものではありません。楽しい雰囲気でしめくくれば、また次のあそびの時間が楽しみで待ち遠しくなります。そして、先生も明るい笑顔で心から楽しんでください。子どもたちのがんばりをたくさん褒（ほ）めて、何かを達成できたら一番に喜んでください。先生の楽しんでいる笑顔や喜んでいる姿は、学級を明るくし、子どもたちにとってもあそびが楽しいものとなるでしょう。

PART 2

クラスで問題が起こりそうと思ったときに使えるあそび

PART 2　クラスで問題が起こりそうと思ったときに使えるあそび①

スグでき！ ひと工夫したビンゴで教室を明るく！

ピラミンゴ

おすすめの学年＞全学年　人数＞全員　場所＞教室

あそびのねらい

教室のムードが沈みがちなときにおすすめのビンゴゲーム。ビンゴ枠にイラストを加えるだけで、子どもたちはワクワクして即効性があります。給食のおかわりなどを賞品にすると大盛り上がり！

用意するもの
- ノート（または紙）
- 割り箸（カードでも可）
- 筆記用具

導入のことばかけ

「みんな、ビンゴが大好きだよね？　今日はちょっとユニークな形のビンゴゲームをしたいと思います。名前は『ピラミンゴ』です。やってみる？」

●あそび方

1 先生が黒板にピラミット型のビンゴ枠「ピラミンゴ」を書きます。

夢中にさせるコツ

一番下に人間、てっぺんに賞品となるような絵を描くと、子どもたちの「たどり着こう！」という想いが高まります。

2 子どもたちはそれをノートに書き写し、1〜25までの好きな数字を記入します。

先生：「黒板の絵をマネしてノートに書いてください。マスには1〜25の中で好きな数字を書いてね。一番下から一番上の枠までつながるように色が塗れたらビンゴだよ！」

3 先生が、あらかじめ数字を書いておいた割り箸を引き、当たりの数を読み上げます。

先生：今回は、ビンゴが3人以上出たら終わりにします。では、数字を読み上げるよ〜

（ドキドキ）

先生：（割り箸を引き）最初の数字は、3です！ 3を書いた人は色を塗ってね

> 「3です」
> 「あった！」 「ないー」

!ここがポイント 割り箸（またはカードでも可）の先に数字（1〜25）を書いておく。

---

4 「ビンゴ！」となった子どもが勝ち。3人以上出たら終わります。

やったー！ ビンゴ！

先生：1、2、3、4。ビンゴが4人も出たね！ では今回は終わりにしましょう。みんな、ビンゴになった人に拍手！

> 「ビンゴ」「ビンゴ」

ベテラン教師のアドバイス

✔ 2のとき、低学年の場合は書き写すのが難しいため、先生がビンゴ枠を書いた紙をプリントして配ってください。

✔ 制限時間を設ける、またはビンゴが何人出たら終わりにするかを決めておき、事前に子どもたちに告げましょう。メリハリをつけてあそぶことができます。

PART 2　ピラミンゴ

PART 2　クラスで問題が起こりそうになったときに使えるあそび②

スグでき！　心を静めて、一気に集中力をアップ！

集中ミラー

おすすめの学年＞全学年　　人数＞全員　　場所＞広い場所

あそびのねらい
子どもたちが鏡のように、先生の手のまねをするあそびです。単純ですが、先生の動きを注視してまねを続けるうちに、集中力がアップ。授業中、騒がしいときやだらけたムードのときに有効です。

用意するもの
● 特になし

導入のことばかけ
「これから気分転換にゲームをしましょう。やり方は、とっても簡単。みんなが鏡のように、先生の手の動きをまねするだけです。さあ、全員、立って〜」

●あそび方

1 先生が始まりのポーズをとります。ポーズは任意。子どもたちは先生のポーズをまねします。

先生：じゃあ、このポーズから始めます

ここがポイント
子どもたちがぶつかり合わないように、間隔を十分開けること。

2 まずは片手だけゆっくり動かします。

先生：先生の動きをよく見て、まねしてね〜

3 急にすばやく手を動かします。

- わっ！
- 先生：うっかりすると間違えちゃうよ。ちゃんと見てついてきてね〜

4 両手をゆっくり、すばやく、ランダムに動かします。
子どもたちが集中して動きがそろってきたら、おしまい。

- わっ、また間違えたっ！
- 先生：今のは難しかったかな？
- 先生：（その後、そろってきたら）ではそろそろ終わりにします。やってみてどうだった？
- 意外と難しかった！

夢中にさせるコツ

動作がワンパターンにならないように事前に考えておきましょう。おどけたポーズを織り交ぜると喜ばれます。

ベテラン教師のアドバイス

✔ 1の始まりのポーズを決めておくと、2回目以降、あそぶときにスムーズに始められます。

✔ 授業中の気分転換にぴったりのあそび。あそびを終えると、気持ちよく授業に集中できるようになります。

PART 2　集中ミラー

PART 2　クラスで問題が起こりそうと思ったときに使えるあそび③

スグでき！ 歌で気分をすっきりリフレッシュ！

カエルの歌

おすすめの学年＞全学年　人数＞全員　場所＞教室

あそびのねらい
クラスがぎくしゃくしていたり、授業中に集中力がないなど、空気を変えたいときに歌でリフレッシュ。声を出しながら体も動かすのでクラスに活気が生まれ、合唱することで一体感も味わえます。

用意するもの
- 特になし

導入のことばかけ
「これからみんなで『カエルの歌』を歌います。ただ、ふつうに歌うだけではなく、ちょっと体も動かすよ。『かきくけこ』で始まる言葉が出てきたら、立ったり座ったりします。じゃあ、1回練習してみよう！」

●あそび方

1 子どもたちは座ってスタンバイします。

先生：じゃあ、これからみんなで歌うよ。「カエルの〜（と歌い出す）」だから、最初はカだよね。いいかな？

2 「カエルの歌」を歌い始めます。「かきくけこ」で始まる言葉が出てきたら、立ったり座ったりします。

先生：さんはい！

カエルのうたが〜（と立ち上がる）

カエルのうたが〜 ♪

ここがポイント　最初は先生が腕で上がる＆下がるを教えてあげるとやりやすい。

3 子どもたちは立ったり座ったりしながら歌っていきます。

> 聞こえて（座る）、
> 来るよ〜（立つ）

> クワッ（座る）、クワッ（立つ）
> クワッ（座る）、クワッ（立つ）

4 歌い終わったら、全員で拍手！

> ケロ（座る）、ケロ（立つ）、ケロ（座る）、ケロ（立つ）、
> クワッ（座る）、クワッ（立つ）、クワッ（座る）

先生
> 上手に歌えたね。拍手！

> やったー！

夢中にさせるコツ
列ごとに交互に"立つ・座る"の体勢で歌っても。少し難しくなり、隣の席の子につられる子が出るなど楽しめます。

ベテラン教師のアドバイス
✔ 手拍子をしながら、始めはゆっくり練習を兼ねて。
　慣れてきたら手拍子を速くしたり、
　遅くしたりしても難易度が上がって楽しいです。

✔ お昼休みの後、5時間目が始まるときの眠気覚ましにも。

PART 2　クラスで問題が起こりそうと思ったときのあそび④

スグでき！ 返事がもっと上手になるあそび

返事ゲーム

| おすすめの学年＞低・中学年 | 人数＞全員 | 場所＞教室 |

あそびのねらい
先生の手のひらがみえたら「ハイッ」と返事するゲームで、あそびながら学習規律が身につきます。学級の雰囲気がよくないとき、何度も全員で返事することで一体感や声を出す心地よさも得られます。

用意するもの
● 特になし

導入のことばかけ
「これから、みんなの返事をパワーアップさせるゲームをやるよ！
さあ、大きな声でお返事ができるかな？」

●あそび方

1 子どもたちにルールを説明します。

先生：「先生の手のひらが見えたら、「ハイッ」と声を出してね。右手か左手か、どちらかな？　両手が見えたら、2倍の大きさの声を出してみよう！」

↑手のひら

ここがポイント 手を動かしながら、わかりやすくはっきりと説明すること。

2 先生が右腕をひじから上げて、手をぶらぶらさせます。

先生：「じゃあ、いくよ〜！
せーの…」

↑手の甲

ここがポイント 慣れないうちは先生が「せーの」と声をかけてあげると、返事のタイミングがつかみやすくなる。

3 パッと右手の手のひらを見せます。

ハイッ

ハイッ

ハイ！

4 先生が、両手の平を同時に見せます。

ハイッ!!

先生

大きな返事ができたね〜。大きな声が出たときは、先生の手がへこむよ（といってへこませる）。じゃあ、もう1回！

PART 2 返事ゲーム

夢中にさせるコツ
手をへこませると視覚的に楽しめます。ものすごく大きな声が出たときは、よろけるような演出を。子どもたちは大喜び！

ベテラン教師のアドバイス

✔ 右手のみ→左手→両手→連続してやる、などという風に易から難へだんだんとステップアップを。

✔ 子どもたちがゲームに慣れてきたら、先生が動き回って手を動かし、さまざまな場所に向かって声を出せるようにしましょう。

✔ 何度も大きな声を出すことは、ストレス発散にも有効です。

✔ 普段、おとなしい子も声を発する心地よさが感じられます。

PART 2　クラスで問題が起こりそうと思ったときに使えるあそび⑤

スグでき！ 協力し合うことの大切さを学ぶ

シールで協力ゲーム

おすすめの学年＞中・高学年　人数＞全員　場所＞教室

あそびのねらい
グループの意識を高められるあそび。みんなで協力し合うことの意義や、言葉を使わないコミュニケーションの大切さを学ばせます。自分よりも友だちの動きに目を向けられるようになるでしょう。

用意するもの
- 丸型のカラーシール（最低4色／人数分）

導入のことばかけ
「人間はもちろん、生き物はみんな協力し合って生きています。言葉が通じない相手とでも協力し合えるでしょうか。今日は全員で協力し合うゲームをやってみましょう」

● あそび方 ●●●●●

1 子どもたちは全員、輪になって目と口を閉じます。

先生：みんなで輪になって、全員、目と口を閉じてください。このゲームが終わるまで、おしゃべりはできないからね～

2 先生は一人一人のおでこにシールを貼ります。

先生：まだ目を開けたらダメだよ～

3 子どもたちは目を開けて、同じ色の人を探してグループを作ります。

先生：協力し合って、色ごとのグループを作ってください。話をしたり、色を指差して教えたり、窓や鏡に映したり、シールを取ったりしてはダメだよ。では、スタート！

先生：〇〇ちゃん、同じ色の子同士を上手に引き合わせられたね

夢中にさせるコツ
ルールを徹底させること。同じ色の友だち同士を引き合わせるなど、協力できている子を褒めてあげましょう。

4 子どもたちは助け合って、色ごとのグループに分かれます。

先生：上手に協力し合ってグループ分けができたね。みんなで拍手！

やったー！

ここがポイント 目的を達成したら、クラス全員で喜ぶことで一体感を味わって。

ベテラン教師のアドバイス

- ゲーム終了後、活動中に感じていたことを思う存分に話させると◎。
- 班替えのグループ編成を発表するときに行うと盛り上がります。
- 話すことが禁止なので、おしゃべりな子よりも物静かな子のほうが活躍しやすいあそびです。
- 算数の図形や社会の都道府県など、仲間分けの学習にも応用可。都道府県の場合はシールに県名を記入しておき、東北・関東など地方別に分かれます。

PART 2 シールで協力ゲーム

PART 2　クラスで問題が起こりそうになったときに使えるあそび⑥

スグでき！　男女の性差や将来について考える

2人のヒロミ

おすすめの学年＞高学年　　人数＞2人　　場所＞教室

あそびのねらい
2人の小学生の話を読み比べて、名前と男女の違いだけで印象が大きく変わることを実感します。男女の性差について、また自分の趣味や特技に関連させながら将来について考える機会を与えます。

用意するもの
● 資料A、B（以下、拡大コピーして使用できます）
● 筆記用具

導入のことばかけ

「みなさんは将来について考えたことがありますか？　たとえば、大人になったら何になりたいか、どんな仕事をしたいか。また、中学校の部活は何に入るか。今日はある小学生の話を読んで、自分の将来について考えてみましょう」

●あそび方

1 先生は資料AとBを用意しておきます。

＜資料A　宏己（ヒロミ）の話＞

　宏己は12歳の男の子です。友だちとのおしゃべりは好きですが、大勢の前で話すのは恥ずかしくて苦手。算数も苦手で、得意な教科は国語です。自分で物語を作って書いています。

　家ではよく音楽を聴きます。読書も好きで、探偵や動物の話がお気に入り。サッカーを習っているので、週末はグラウンドで汗を流します。弟と公園で遊んだり、頼まれれば簡単な料理を作ることもあります。

　宏己は将来、何をやりたいかが、まだよくわかりません。でも、休日に友だちと出かけたり、好きなCDや洋服を買うのに必要なお金はかせぎたいと思っています。

質問1　宏己は中学校で部活に入りました。次の中から、どれを選んだと思いますか？
・科学　・体操　・演劇　・吹奏楽
・コンピュータ　・サッカー　・文芸　・合唱

質問2　宏己が30歳になったとき、どんな仕事をしていると思いますか？　理由も考えてみましょう。

＜資料B　宏美（ヒロミ）の話＞

　宏美は12歳の女の子です。友だちとのおしゃべりは好きですが、大勢の前で話すのは恥ずかしくて苦手。算数も苦手で、得意な教科は国語です。自分で物語を作って書いています。

　家ではよく音楽を聴きます。読書も好きで、探偵や動物の話がお気に入り。サッカーを習っているので、週末はグラウンドで汗を流します。弟と公園で遊んだり、頼まれれば簡単な料理を作ることもあります。

　宏美は将来、何をやりたいかが、まだよくわかりません。でも、休日に友だちと出かけたり、好きなCDや洋服を買うのに必要なお金はかせぎたいと思っています。

質問1　宏美は中学校で部活に入りました。次の中から、どれを選んだと思いますか？
・科学　・体操　・演劇　・吹奏楽
・コンピュータ　・サッカー　・文芸　・合唱

質問2　宏美が30歳になったとき、どんな仕事をしていると思いますか？　理由も考えてみましょう。

2 隣の席の子とペアになります。右側の子をA、左側の子をBとし、それぞれに資料Aと資料Bを配ります。子どもたちは資料を読んで質問に回答します。

先生:「これから資料を配ります。隣の子と見せ合いっこしちゃダメだよ」

先生:「資料を読んだら、下に書いてある2問に答えてください」

ここがポイント 資料を裏返しにして配り、ペアの子と見せ合わないように注意する。

3 ペアで資料AとBを読み比べて、気づいたことを話し合います。

先生:「ペアの子と資料を交換して読み比べをしましょう。どこか違うかな？」

「男だったの!?」

「話の内容はまったく同じだ！」

夢中にさせるコツ
それぞれが書きこんだ資料を読み、互いの違いに気づくとおもしろいです。積極的に探し合わせましょう。

ベテラン教師のアドバイス

✔ 道徳の授業で「自分自身に関すること」についてじっくりと考えさせたいときに行うとよいでしょう。

✔ 子どもたちにとって男女の性差について考える機会となり、「男（女）のくせに」という言葉遣いに対して敏感に。

✔ ペアで気づいたことは、班や学級全体でも話し合って共有できるといいですね。また新たな気づきがあるはずです。

PART 2 2人のヒロミ

PART 2　クラスで問題が起こりそうと思ったときに使えるあそび⑦

自分の感情をコントロールする

感情の波をグラフに描く

おすすめの学年＞高学年　人数＞全員　場所＞教室

あそびのねらい
感情の波をグラフ化することで視覚的に把握でき、一人一人に配慮しやすくなります。子どもたち自身も感情を冷静に振り返って表現できるため、感情をコントロールしやすくなるでしょう。

用意するもの
● 紙
● 筆記用具

導入のことばかけ
「今日の自分の1日を100点満点で採点すると、何点ぐらいですか？　50点の人？　60点の人？　100点の人はどんなことがよかったのか、思い起こしてください」

●あそび方

1 今までで一番うれしかったことを思い出し、クラス全体で発表し合います。

先生：それでは、今日だけじゃなくてもいいので、今までの中で100点の出来事には、どんなことがありますか？　今までで一番うれしかったことを発表してくれる人！

子ども：はい！　1年生のときにピアノを買ってもらったことです

先生：それはよかったね！

2 班ごとに席をかためて、一番悲しかったことを発表し合います。

先生：では、班ごとに席をかためてください。次は、今までで一番悲しかったことを順に発表してもらいます。思い出すとまた悲しくなっちゃうけれど、班のお友だちに聞いてもらいましょう

> 私はね、去年、ワンちゃんが死んじゃったこと…

> 悲しかったね…

> でも大丈夫だよ！ 今ごろ天国で元気に遊んでるよ！

ここがポイント 楽しい出来事で笑い合い、悲しい出来事で慰め合える雰囲気作りを。

PART 2 感情の波をグラフに描く

3 先生はグラフの枠を書いた紙を配り、グラフ例を板書します。

〈グラフ例〉

先生：
> ではそろそろ、今日一日の気分をグラフにしてみましょう。朝起きてから今までの気分の浮き沈みを、こうやってグラフに描きます。理由も下に書いてね

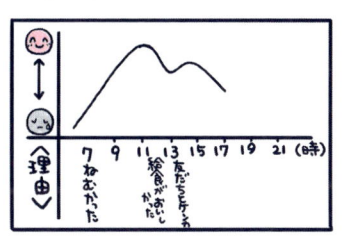

4 子どもたちは、その日の気分の波をグラフで表してみます。

先生：
> 給食がおいしかったとか、キレイな花を見たとか、ささいなことでもいいから思い出してみましょう

> 朝、ママにしかられた…

夢中にさせるコツ

ネガティブなことのほうが記憶に残るもの。ポジティブな出来事を積極的に思い出させるように声かけしましょう。

ベテラン教師のアドバイス

- ✓ 帰りの会など1日の学校生活を振り返るとき、大きな行事のあとなど学校生活に張り合いがなくて停滞気味のときに行うとよいです。
- ✓ たとえ悲しいことや嫌なことがあっても、少しずつ前向きな姿勢がもてるように1週間ほど継続すると◎。
- ✓ 先生はグラフを回収し、コメントを添えて返してあげてください。
- ✓ 国語の物語の学習で、登場人物の心情曲線を描く活動にも応用可。

PART 2　クラスで問題が起こりそうと思ったときのあそび⑧

スグでき！　集中力と記憶力を高めるあそび

どれが動いた？

おすすめの学年＞全学年　　人数＞何人でも　　場所＞教室

あそびの ねらい

長期休暇明けなど、子どもたちの落ち着きがないときにおすすめ。カードに注目させることで集中力を養います。何か覚えさせたいことがあるときなど、記憶力アップにも効果的。

用意するもの

● 絵や言葉などを書いたカードを5枚程度

導入のことばかけ

（子どもたちにカードを見せながら）「今日は、このカードを使ったゲームをするよ〜！いろんな絵が描いてあるでしょ？　みんな、よく見ていてね」

●あそび方

1 5種類の絵が描かれたカードを黒板に貼ります。

> 先生：はい、黒板に注目〜！
> 5枚のカードをよく見て覚えてね

夢中にさせるコツ

ゲームはテンポよく行うこと。日によっては絵の代わりに、言葉や名称を書いたカードを使ってみましょう。

2 子どもたちに顔を伏せさせ、その間に、一部の順番を入れ替えます。

> 先生：みんな、先生が「はい」って言うまで顔を伏せて〜

3 子どもたちに声をかけて起こし、どこが変わったかを当てさせます。

先生: はい！ この5枚のカード、どこが変わってるかな？

(犬が一番左だったような……)

4 子どもが回答し、当たったら拍手！

子ども: はい！ 犬とケーキの場所が変わってます！

先生: 正解！ みんな、拍手！

> **ここがポイント** 間違えても気にさせないように。軽い気持ちで楽しくチャレンジさせて。

ベテラン教師のアドバイス

✓ 難しい言葉や名称を覚えさせることもできます。
学年に合わせた絵や言葉などを用いて、覚えさせたいことがあるときは1日1回、毎日行うとよいでしょう。

✓ 2のステップで、カードを1枚隠して「隠されたカードが何か」を当てさせるあそびもおすすめ。

PART 2 どれが動いた？

○月×日 日直

PART 2　クラスで問題が起こりそうになったときに使えるあそび⑨

スグでき！　動物のジェスチャーでクラスを楽しく

同じ仲間で集まろう

おすすめの学年＞全学年　　人数＞15人以上　　場所＞教室

あそびのねらい
動物のジェスチャーのみでグループ分けをします。言葉が使えないので、子どもたちは積極的に動くように。笑いが生まれて子どもたちの気分も盛り上がり、学級が楽しい雰囲気になります。

用意するもの
● 特になし

導入のことばかけ
「これからみんなの心を一つにする練習をします。心を一つにするって、けっこう難しいよね？　でも、あそびながら楽しく練習できるよ。じゃあ、やってみよう！」

●あそび方

1 先生が3つの動物の名前を挙げます。たとえばザリガニ、ちょうちょ、ゾウなど。

○ザリガニ
○ちょうちょ
○ゾウ

先生：動物は、ザリガニ、ちょうちょ、ゾウにします。この3つのうち、どれか1つをイメージしてください

ここがポイント　子どもたちが動作をジェスチャーしやすい生き物を選ぶ。

2 子どもたちは3つの動物のうち、どれか一つをイメージします。

（私はちょうちょにしよう）

（ゾウがいいな）

54

3 先生がルールを説明したら、ゲームスタート！
子どもたちは言葉を使わず、ジェスチャーだけで
対話を始めます。

先生：さあ、ここからが本番だよ。みんなは今、それぞれ動物をイメージしていますが、これから同じ動物同士で集まってもらいます。ただし、しゃべってはいけません

子：えー!?

先生：言葉は使わず、その動物のジェスチャーだけで、同じ動物同士で集まってください

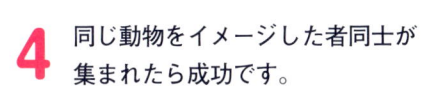

子：はーい

先生：では、スタート！

4 同じ動物をイメージした者同士が
集まれたら成功です。

先生：うわぁ！ みんな、すごいね！

子：わーい！

夢中にさせるコツ
グループ分けに成功したら、先生が真っ先に大きく喜びましょう。子どもたちはうれしくなるはずです。

ベテラン教師のアドバイス

- ✔ おもしろいジェスチャーをしている子がいたら、名指しで積極的に褒めてあげましょう。
- ✔ 恥ずかしそうにしている子がいたら、先生も交じって、その子の隣で同じ動物のジェスチャーをして勇気づけてあげても。
- ✔ 学期に一度くらい、子どもたちの元気がなさそうなときや、クラスの輪が乱れ始めていると感じたときにおすすめのあそびです。

PART 2　同じ仲間で集まろう

PART 2　クラスで問題が起こりそうと思ったときに使えるあそび⑩

スグでき！ 身体を動かして友だちと心を通わせる

勝者をマネろ

おすすめの学年＞全学年　人数＞2人以上　場所＞教室

あそびのねらい

ペアになって一方が他方のマネをするあそび。子どもたちは会話をしながら心を通わせていきます。体育の授業で準備運動の一環として取り入れると、服装を気にせずのびのびと動けるでしょう。

用意するもの
● 特になし

導入のことばかけ

「（体育の授業で準備運動をした後に）今日はふつうの準備運動の後に、ちょっと変わった運動もします。では、隣の子とペアになって座って～」

●あそび方

1 子どもたちはペアになって座ります。先生が「おもしろい動き」の模範を見せます。

先生：ペアの子同士でジャンケンをして、負けた子が勝った子の動きをそっくりそのままマネします。どんな動きにするかは、自由です。先生がちょっとお手本を見せるね

ここがポイント　先生はなるべく大きく、ユニークな動作をするとよい。

2 子どもたちはジャンケンをします。

先生：では、これからジャンケンをして始めてください。時間は5分だよ。はい、スタート！

ジャン、ケン、ポン！ 　　勝った！

3 負けた子は、勝った子の動きをマネします。

先生: これは準備運動だから、なるべく大きく動いてね

> **夢中にさせるコツ**
> 2人とも恥ずかしがっている場合は、先生が一度仲間に入って大きなアクションを見せてあげましょう。

4 5分ほど、繰り返したら終わります。

先生: はい、そろそろ終わりだよ〜。集合！

> **ベテラン教師のアドバイス**
> ✔ 4のとき、「先生が見ていて一番いいなと思ったのは、○○くんのこの動きです」と、おもしろい動きをしていた子を褒めてあげるとよいでしょう。またそこで笑いが生まれます。
> ✔ 席替えや班替えをしたあと、教室で行っても盛り上がります。隣の席の子や班の友だちと早く打ち解けられるきっかけになります。

PART 2 勝者をマネろ

PART 2　クラスで問題が起こりそうと思ったときのあそび⑪

スグでき！　悪口はナシ！　よいところを探そう！

みんなで褒め合いっこ

おすすめの学年＞全学年　　人数＞5人以上　　場所＞教室

あそびのねらい
悪いところをけなし合うのではなく、よいところを見つけ合う豊かさを教えます。子どもたちはその心地よさや価値に気づくことができるでしょう。その後の対人関係がよくなります。

用意するもの
- 画用紙
- クレヨンなど描くもの

導入のことばかけ
「今日は動物の絵を描いて、みんなで褒め合いっこをしましょう。画用紙を配るから、クレヨン（などの描くもの）を机に出してください」

●あそび方

1　先生が動物を指定します。

先生：じゃあみんな、カメの絵を描いてください

（カメの絵を描いてください）

ここがポイント　絵のお題は学年に合わせて。子どもたちがイメージしやすい動物を。

2　子どもたちにその動物の絵を描かせます。

先生：上手じゃなくてもいいからね。自分が思う通りのカメを描いてみよう！

夢中にさせるコツ
絵の苦手な子も取り組みやすいような雰囲気に。下手な子には「個性的でいいね！」など明るく声をかけて。

58

3 全員が描けたら、絵を順番に回していきます。

先生：そろそろ描けたかな？じゃあ、後ろの人に絵を回してくださ〜い

4 子どもたちに回ってきた絵をよく観察させ、空いているスペースに、その絵のよいところを記入させます。

先生：絵をよ〜く見て、絵の周りによいところと自分の名前を書いてください

子ども：よいところ？

先生：かっこいいとか、かわいいとか、強そうとか、何かよい感想があるでしょう？

（絵のまわりのコメント）
- ユニークな絵だね！ 青木
- こうらがかっこいい 松下
- 目がかわいい 宮田

ベテラン教師のアドバイス

✓ クラスが険悪なムードのときなど、その解消の第一歩となるように先生がポジティブな声かけでリードしてあげてください。

✓ 終わったら絵を回収して、先生もよいところを記入しましょう。

✓ 学期に1回くらいのペースがおすすめ。遠足で動物園に行くなら、その後日に行うと、想い出がよみがえってより楽しく取り組めます。

✓ 授業参観日に、保護者にも絵を回してコメントを記入してもらうと◎。

PART 2 みんなで褒め合いっこ

PART 2　クラスで問題が起こりそうと思ったときのあそび⑫

スグでき！　隣の席の子と共同で絵を描くあそび

ペアでイラスト

おすすめの学年＞全学年　　人数＞2人以上　　場所＞教室

あそびのねらい

隣の席の子と一つの動物（キャラクター）を描くあそびです。学級全体に元気がないときは、笑いが起こるようなあそびを。隣の子同士のコミュニケーションも生まれて仲良くなれます。

用意するもの
- 画用紙
- ペン

導入のことばかけ

「これから隣の席の子とペアになって、ある動物の絵を描いてもらいます。みんな、隣の子と席をくっつけちゃおう。いいかな？」

●あそび方

1 先生は画用紙を配り、ルール説明をします。

先生：「先生がある動物を指定します。その動物の目、耳、鼻など、先生が言う順番通りに、隣の子と交互に描いていってください」

「はーい！」

2 先生がお題となる動物を提示して、お絵描きスタート！

先生：「では、クマを描きましょう。まずは目を描いて〜」

「目を描いて〜」

ここがポイント　描き出さない場合は「右側の席の子から描いてみよう」と促してみて。

3 目、耳、鼻、顔の輪郭、胴体など、先生が順番に指示します。
子どもたちはその都度、順番に描いていきます。

先生：隣の子が描いているときは、手伝ったらダメだよ〜

夢中にさせるコツ

1人当たりの制限時間(20秒くらい)を設けて「あと5秒で次に行くよ〜」と声をかけると、子どもたちは必死に！

4 絵が完成したら見せてもらいましょう。

できたよー！

あはは…

先生：おもしろいクマが描けたね！

ベテラン教師のアドバイス

✔ 顔の輪郭や胴体を後回しにすると子どもたちは描きにくくなり、笑いが生まれやすくなります。

✔ ミッキーマウスやドラえもん、サザエさんなど子どもたちの好きなキャラクターをお題にしても盛り上がります。

✔ 絵の苦手な子がいやな思いをしないように明るい雰囲気作りを心がけて。

PART 2　クラスで問題が起こりそうと思ったときのあそび⑬

スグでき！　音楽に合わせてめいっぱい体を動かす！

跳ねて、踊って、一時停止！

おすすめの学年＞低・中学年　　人数＞何人でも　　場所＞体育館

あそびのねらい
楽しい音楽をかけて体をたっぷりと動かします。学級全体がしらけているときや、反対に子どもたちの元気が有り余っているときにも、よい発散の機会となるでしょう。身体能力もアップします。

用意するもの
- 音楽プレイヤー
- 曲
- 腕時計（またはストップウオッチ）

導入のことばかけ
「今日はちょっとおもしろい運動をするよ。音楽が流れたら動いて、音楽がストップしたらピタッと止まってね。10秒止まっていられるかな？　はい、立ってー」

●あそび方

1 音楽を流してスタートの号令をかけます。

先生：はい、始め！　踊ったりジャンプしたり、いっぱい体を動かしてー

キャホー！

夢中にさせるコツ
アップテンポの音楽が◎。子どもたちになじみのある曲や人気の曲を流すと、ノリノリで動き回るでしょう。

2 音楽を止めて10までカウントします。静止できていた子は合格。

先生：1,2,3…10！　10秒止まっていられた子は合格だよ！

あー、動いちゃった！

ここがポイント　多少動いても先生は気にしないこと。合否は子どもたちの自己申告で。

3 合格した子をその場に座らせて、再び音楽を流します。

先生:「合格した子はその場に座って応援してあげてね。じゃあもう一度、いくよー」

4 音楽を止めて10までカウントします。全員合格を目指して繰り返しましょう。

「〇〇くん、がんばれー！」

先生:「あともう少し！…8,9,10！」

ベテラン教師のアドバイス

✔ 失敗した子には注目せず、静止できた子を褒めてあげます。変なポーズで止まっていられた子は、とくにたくさん褒めてあげて。

✔ 10秒の次は15秒、20秒、30秒と、あそびを行うたびに難易度を上げると、子どもたちは飽きません。

✔ 体育の授業を始めるときに、準備運動の一つとして取り入れてもOK。

PART 2 跳ねて、踊って、一時停止！

PART 2　クラスで問題が起こりそうと思ったときに使えるあそび⑭

スグでき！　子ども同士の信頼感を高めるあそび

ペアで目かくし歩き

おすすめの学年＞高学年　人数＞2人　場所＞校舎内

あそびのねらい
一人が目かくしをしてペアの子が誘導します。危険が伴うため、目かくしをした子は友だちに100％の信頼を寄せて身をゆだね、誘導する子も真剣に。子ども同士の信頼感を高めるアクティビティです。

用意するもの
- アイマスクなど目かくしできるもの

導入のことばかけ
「今、みんなは目が見えているけれど、もしもまったく見えなくなったらって想像できますか？　今日は想像だけでなく、みんなに実際に体験してもらいます」

●あそび方

1 先生がルールを説明します。

> 先生：ペアになって、一人がこのアイマスクで目かくしをします。もう一人が誘導する人になって、二人で校舎内を探検してきてください。〇分後、教室に戻って、目かくしをしていた人にどこを歩いてきたのかを発表してもらいます

2 子どもたちはペアになって、一人が誘導者になり、もう一人が目かくしをします。

> 先生：目かくしをしている子は、五感をフルに活用してね。誘導する人は、どこにいるのかヒントを言ったらダメだよ。危険がないように安全第一でよろしくね！

ここがポイント　安全第一であることを確認。必要があれば、行動範囲を限定しても。

3 ペアで校舎内を探検します。

（あ、歌が聴こえる…。音楽室かな？）

4 子どもたちは戻ってきたら、順路を報告して感想を発表します。

3階まで階段を上って、音楽室に行って戻ってきました

先生：どうして音楽室ってわかったの？

歌が聴こえてきたから

先生：目が見えなくて、どう思った？

階段とかすごくこわかったし、たいへんだなって思いました

ベテラン教師のアドバイス

- ✔ 後日、目かくしをした子と誘導の子が入れ替わって行います。時間に余裕があるときなら、続けて行ってもOK。
- ✔ 子どもたちは目かくしをすることで五感が研ぎ澄まされ、目の見えない人への理解も深まります。
- ✔ 遠足や自然教室などでも活用できるアクティビティです。自然の中で、より多くの発見をするでしょう。

PART 2 ペアで目かくし歩き

PART 2 クラスで問題が起こりそうと思ったときに使えるあそび⑮

スグでき！ チームの結束やクラスの一体感を高める

ごちそう当てゲーム

おすすめの学年＞中・高学年　　人数＞全員　　場所＞教室

あそびのねらい

2チームに分かれて、正解にたどり着く速さを競います。解答者は質問力を駆使し、仲間はより的確なヒントが求められます。対抗戦にすることで活気が出て、クラスの一体感も生まれるでしょう。

用意するもの
- ごちそうの名前を書いた紙

導入のことばかけ

「今日は2チームに分かれて『ごちそう当てゲーム』をします。各チーム、代表者が前に出て、先生はその子たちに見えないように、みんなにごちそうの名前を教えます。代表者が質問をしたら、みんなはヒントとなるように答えてね」

●あそび方

1 Aチーム、Bチームに分け、各チームの代表者が前に出ます。

先生：「じゃあ、教室の前半分がAチーム、後ろ半分がBチームね。ちょうど日直の二人、Aチームは〇〇くん、Bチームは〇〇さんに代表者になってもらいましょう」

ここがポイント

代表者の選出には公平さが求められるものの、初めてのときは積極性のある子の方が、全員が早くゲームになじめて◯。

2 まずAチームから。先生がごちそうを書いておいた紙を、代表者に見えないように示します。

3 始めの合図で先生はタイムを計り始め、
代表者はチームメイトに質問をします。

先生:「タイムを計るからね。「よーいスタート」で、○○くんは質問を始めてください。では、よーいスタート！」

（給食で出ますか？／出ない！／出ない！）

4 チームメイトがヒントを出し、正解が出たら終了。Bチームと交代し、終わったら、各チームのタイムを発表して勝敗を決めます。

子ども:「ラーメン！」

子ども:「正解！」

先生:「なかなか早かったね〜。では、Bチームと交代しましょう」

夢中にさせるコツ

タイムの発表は両チームが終わってから同時に。子どもたちは「勝ったのはどっち!?」と惹きつけられます。

ベテラン教師のアドバイス

✔ 3のとき、代表者が一人ずつ順番に指名して質問するというルールをつけ足しても。クラスの人数にもよりますが、ヒントを出す側も順番が回ってくる楽しみや緊張感を味わえます。

✔ 班対抗戦にしても盛り上がります。
一人あたりの発言回数が多く求められるので、おとなしい子や消極的な子が多いクラスの場合はおすすめ。

子どもとあそび ～低学年～

小学校生活に慣れさせ、学校が楽しい場所となるように

　低学年の中でも、とくに新一年生にとっては小学校の何もかもが目新しく、知らないことばかり。学校によっては異なるでしょうが、周りにいるのも知らない子ばかり、という子どもが大勢います。低学年の時期は、小学校生活になるべく早く慣れてもらい、適応させることが肝心。返事や挨拶がしっかりとできるようになったり、先生の話をきちんと聞く姿勢が身についたりするようなあそびを積極的に取り入れましょう。

　同時に、集団の中でルールを守ることの大切さも教えていきたいものです。当然、頭ごなしに言い聞かせるのではなく、「ルールを守るからこそ、あそびが楽しくなる」＝「ルールを守らないと、楽しみが減る」という流れを作るとよいと思います。あそびを繰り返す中で、子どもたちの成長が見られるといいですね。

　ゲームのお題を学校に関わることにするなど、学校や先生について楽しく知ることのできるあそびもおすすめです。子どもが身のまわりのことに関心をもてるように、子どもたちの興味を引きながら楽しい雰囲気で進めましょう。この辺りについては、各あそびのページの「夢中にさせるコツ」などを参考にしてください。

　また、あそびを通じて、友だちと仲良くなれるように促したいものです。周りにいるのが知らない子ばかりでは、ずっと緊張したままでのびのび過ごせないという子どももいるでしょう。楽しい気分になるような音楽を使ったり、お絵描きなどで気軽に友だちとふれ合ったりできるあそびも取り入れていきたいですね。たとえ失敗してしまう子どもがいても、笑って済ませられるような雰囲気作りを心がけてください。

　すべての子どもたちにとって、1日も早く小学校が楽しい場所に、明日も行きたくなる場所になりますように。

PART 3

学級の節目を
つくるあそび

PART 3　学級の節目をつくるあそび①

スグでき！　心を通わせ、人間関係を育むあそび

カウントアップ

おすすめの学年＞全学年　人数＞3人以上　場所＞教室

あそびのねらい
あそびながら共同課題の克服を体験することができます。自然と相手の目を見たり、相手と心を通わせたりして、人と関わる力が育ちます。簡単なゲームなのですぐに達成感を味わえるでしょう。

用意するもの
- ストップウオッチまたは時計

導入のことばかけ
「これから『カウントアップ』というゲームをします。これは班で協力しなければうまくいきません。力を合わせて、できるだけ早くクリアしましょう!」

●あそび方

1 子どもたちは班ごとに席をかためて座ります。

2 先生がルールを説明します。まずは練習から始めましょう。

先生：「班の中で1,2,3と10まで数えてね。一人の人が連続して数えたらダメです。誰かと誰かが同時に数字を言ってしまった場合は、1からやり直しだよ。では、ちょっと練習してみましょう」

1！　2！　3！　3！

ここがポイント　始めるとすぐにルールは理解できるので、まずはどんどんやってみる。

3 子どもたちが慣れてきたら全班、一斉（いっせい）にタイムを計ります。

先生: じゃあ、そろそろ本番いくよ〜。一斉（いっせい）にタイムを計ります。10まで数えられたら手を挙げて教えてね。では、よーい、スタート！

1！

（9まで終わって）10！

先生: すごいね！1班は12秒でした！

> **夢中にさせるコツ**
> タイムを計ることで俄然、やる気に。うまくいかない班には「仲間の目を見て、心に耳を傾けて」と声かけを。

4 10までクリアできたら、10以上、どこまでいけるか競い合います。

先生: では、10以上、11、12と、どこまでいけるか挑戦してみましょう。ちょっと難しくなるよ

1！

ベテラン教師のアドバイス

- ✓ 学級開きや席替えの後に行うと、一体感が生まれて班の子同士が早く仲良くなれます。
- ✓ 盛り上がると後を引くゲームです。制限時間を決めておきましょう。
- ✓ 班対抗で何回か行ったら、列対抗にしてみましょう。変化が出て、ほかの友だちと関わる機会も増えます。

PART 3　学級の節目をつくるあそび②

スグでき！　子ども同士の交流のきっかけを作る

4つの握手、どれにする？

おすすめの学年＞全学年　人数＞全員　場所＞教室

あそびのねらい
学級開きのときに全員でいろいろな握手を。ジャンケンを交えたゲーム形式なので、初対面の子同士でも和やかに進められます。手の温もりを感じながら、温かなふれ合いを楽しめるように心がけて。

用意するもの
● 特になし

導入のことばかけ
「いよいよ新しいクラスが始まりましたね。早くみんなと仲良しになるために、握手をしましょう。でもね、握手っていろいろあるんだよ。知ってる？」

●あそび方

1 1人の子に協力してもらい、4種類の握手を説明します。

先生：握手は全部で4種類あります。これから説明するから、よく見ていてね。1つ目が、人差し指を合わせる「指先握手」。2つ目が普通の「片手握手」。3つ目が「両手握手」。4つ目は、片手で握手をしながら、こつんとおでこを合わせる「こつん握手」。わかったかな？

2 子どもたちは教室に広がり、先生がルールを説明します。

先生：じゃあ、みんなでやってみるよ。教室に広がって、出会った友だちとジャンケンをします。勝った人は名前を言いながら握手を求めます。さっきの4種類のうち、どれか1つ。負けた人は、相手に合わせて握手に応じます。4種類の握手をすべてした人から自分の席に戻ってね

3 子どもたちがルールを理解したら、ゲームスタート！ 出会った2人がジャンケンをします。

（勝った！）タカハシです
（と握手を求める）

夢中にさせるコツ

自分から友だちに近づいていけない子がいたら、まずは先生が相手を。「上手に握手できたね」と勇気づけて。

4 4種類の握手をクリアできた子から自分の席に戻ります。

ここがポイント

早く終わった子が飽きないように「早かったね！」などと褒める。

ベテラン教師のアドバイス

✔ 高学年の場合、おでこを合わせるこつん握手を嫌がる子もいます。1の説明のときに様子を見たり、直接聞いてみたりして、嫌がる子がいれば省いてもOK。ほかの3つの握手で行いましょう。

✔ 低学年の場合は1のとき、4つの握手がわからなくならないようにイラストを板書してあげてもいいですね。

PART 3　学級の節目をつくるあそび③

スグでき！ 互いに自己紹介して交流を深めるゲーム

名札の持ち主を探そう！

おすすめの学年＞中・高学年　人数＞全員　場所＞教室

あそびのねらい
名札の持ち主を探すゲームで教室の雰囲気を和やかに。積極的な子はすぐに見つけて次々と自己紹介ができます。人見知りな子も、自分の名札を持っている子に声をかけてもらえて交流できます。

用意するもの
- カード（10cm×15cmくらい）
- サインペン

導入のことばかけ
「いよいよ新しいクラスのスタート。どんな友だちがいるのか、ドキドキしている人も多いでしょう。みんなが仲良しになるために、まずは友だちの名前を覚えましょう」

●あそび方

1 先生がカードを配り、子どもたちは名札を作ります。

先生：カードには自分の名前と、好きな教科、好きなあそび、何クラブかを書きましょう

（カード例：杉村はるこ　国語　なわとび　合唱クラブ）

夢中にさせるコツ
プロフィールを書かせることで、会話が生まれるきっかけになります。項目は先生が自由に決めてください。

2 先生は名札を回収し、名前が見えないようにして1枚ずつ配り直します。

先生：では、名札を配ります。これからその名札の持ち主を探してね。見つけたら声をかけて、お互い、自己紹介しましょう

ここがポイント　本人の名札が当たらないように、名札を配るときは男女別に。

74

3 ここからゲームスタート！
子どもたちは名札の持ち主を探します。

先生：自己紹介では、好きな教科の理由などもお話できるといいね。相手に自分のことを知ってもらいましょう

岬くんだよね？　私、杉村はるこです。好きな教科は国語です。なぜかというと、本を読んだり、感想を話し合ったりするのが好きだからです。よろしくお願いします

4 互いの名札を交換し、自分の名札を渡された人は席に戻ります。

ハイ、岬くん

ハイ、これは杉村さんのじゃないけど

ふふっ。またね

PART 3　名札の持ち主を探そう！

ベテラン教師のアドバイス

✔ 新学年になり、まだ友だち全員の名前を覚えていないときに。
夏休みや冬休みの後、自己紹介の項目を工夫して
再度行うのもよいでしょう。子どもたちの交流がより深まります。

✔ ほかのクラスや学年など、あまり知らない人と
交流するときに活用しても。スムーズに自己紹介できます。

〇月×日　日直………

PART 3　学級の節目をつくるあそび④

スグでき！　会話力を育てて新しい友だちを作る！

友だちの輪を広げるゲーム

おすすめの学年＞全学年　　人数＞全員　　場所＞教室

あそびのねらい
いろいろな友だちのことを知る機会になり、友だちの輪が広がります。グループ学習をするときのメンバー決めで、もめることもなくなるでしょう。質疑応答により、話す・聞く力もアップします。

用意するもの
- カード（10cm×15cmらい）
- 音楽（できれば）

導入のことばかけ
「新しいクラスになって、まだあまり話したことのない友だちもいると思います。今日はいろんな友だちとおしゃべりをして、その人をよく知るあそびをしましょう」

●あそび方

1 先生がカードを配り、子どもたちは名前・趣味・好きな食べ物・好きな芸能人などを記入します。先生は「いろいろな友だちと関わろう」という目標を板書しておきます。

> **ここがポイント**　好きな芸能人など固有名詞をたくさん書かせると、会話が弾む。

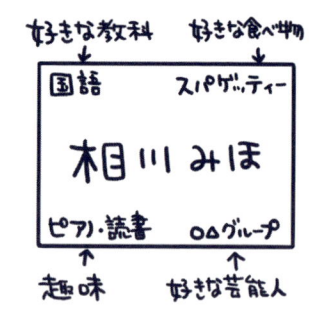

カード例:
- 好きな教科：国語
- 好きな食べ物：スパゲッティー
- 名前：相川 みほ
- 趣味：ピアノ・読書
- 好きな芸能人：〇△グループ

2 先生が1人指名し、子どもたちに見本を示します。相手のカードを見て質問し、会話をしましょう。

先生：「先生が〇〇さんと一回、やってみますね。どんなスパゲッティーが好きですか？」

子：「ミートソースです」

先生：「最近、いつ食べましたか？」

子：「おとといの夜、食べました。おいしかったです」

先生: こんな感じで、お互いに質問しながら会話をしましょう

3 音楽をかけてスタート。子どもたちは自由に動き、挨拶(あいさつ)を交わします。

女の子: こんにちは〜

先生: 最初は、ふだん仲のよい友だちと会話してみましょう。そろそろ音楽が止まるよ〜

夢中にさせるコツ

明るくゆったりとしたテンポの音楽を流すと◎。雰囲気が和み、緊張気味の子どもたちもリラックスできます。

4 音楽をストップ。子どもたちは近くにいる人とカードを交換し、会話を始めます。数分経ったら3と4を繰り返します。

先生: では、また音楽を流します。次に音楽が止まったら、あまり話したことのない友だちに話しかけてみましょう！

（吹き出し）どんな本が好きですか？

ベテラン教師のアドバイス

✔ クラス替えのあった学年は、新年度が始まって最初の学活の時間に行うとよいでしょう。持ち上がりのクラスでも学期に2〜3回ずつ、とくに関わる友達が固定してきたときに行うと効果的です。

✔ あそびを始める前に、いろいろな友だちと関わることのメリットや、反対に友だちが固定化してしまうことのデメリットを先生が話したり、子どもたちで話し合わせることもおすすめです。

PART 3 友だちの輪を広げるゲーム

PART 3 　学級の節目をつくるあそび⑤

スグでき！ 友だちの顔と名前を楽しく覚えるあそび

お友だちでビンゴ！

おすすめの学年＞中学年　人数＞全員　場所＞教室

あそびのねらい
子どもたちが大好きなビンゴで、クラス全員の顔や名前を覚えるきっかけを作ります。新しいクラスになって緊張している子も、不安な子も、楽しい雰囲気でリラックスできるでしょう。

用意するもの
- ビンゴ表（マス目の数はクラスの人数に合わせる）
- 筆記用具

導入のことばかけ
「今日から新しいクラスだね。先生はみんなと過ごすこれからの1年間が、とっても楽しみです。では、最初の記念にみんなでビンゴ大会をしましょう！」

●あそび方

1 たとえば5×5マスのビンゴ表を配り、クラスメートの名前を自由に記入させます。

先生：「マスの中に、お友だちの名前を自由に書いてください。連絡網を見てもいいから、全員の名字も名前も書いてね。知っているお友だちだけの名前じゃ勝てないよ！」

はーい！

ここがポイント　「知らない友だちの名前も書かなければ勝てない」と断言しておく。

2 先生はサイコロを2回振り、1回目の数字を横の列、2回目の数字をたての列として読み上げます。子どもたちはその位置に座っている友だちの名前を呼び、ビンゴ表の名前に〇をつけます。

先生：「3列目、前から2番目の人は？」

田中くん！

田中くん！

3 次は、名前を呼ばれた人が前に出て、サイコロを2回振ります。あとは同様に繰り返し。

先生:「では田中くん、前に出てサイコロを振ってください」

子:「3列目5番目の人は？」

夢中にさせるコツ

時間があれば、前に出た子がサイコロを振る前に「好きな食べ物は？」など簡単な一問一答を。レポーター風にすると楽しいです。

4 ビンゴになったら「ビンゴ！」と大声で言うように指示しておき、1番早くそろった子が勝ちです。

先生:「ビンゴになったら「ビンゴ！」って言って教えてね〜」

子:「ビンゴ！」

先生:「〇〇ちゃん、1番だね！全員ビンゴになるまで続けるから、〇〇ちゃんも2列目を目指してみて」

ベテラン教師のアドバイス

✔ 1のとき、ビンゴ表のマス目が余ったらフリーマスに。「初めから〇をつけておいてください」などと説明してください。

✔ 友だちの名前を書き、読み上げ、顔を見ることで、親近感がぐっとアップ。ゲームなので楽しみながら友だちのことを早く覚えられるようになります。

PART 3 お友だちでビンゴ！

PART 3　学校の節目をつくるあそび⑥

スグでき！ **スキンシップでもっと仲良くなる！**

あの子にタッチ

おすすめの学年＞低・中学年　　人数＞全員　　場所＞広い場所

あそびのねらい
先生の指示に従って「タッチ」するだけの簡単なあそびなので、誰もがすぐに楽しめます。子ども同士のスキンシップにより一気に距離が縮まります。学級開きや席替えの後に行うのがおすすめ。

用意するもの
- 特になし

導入のことばかけ

「（いきなり）みんな、今日は『あの子にタッチ』をするよ！
これからルールを説明します。簡単なあそびだから、すぐに覚えられるよ」

●あそび方

1 先生が1人指名して見本を示しながら、ルールを説明します。

先生：では、○○くん、前に出てきてくれるかな

先生：先生が「タッチ・あたま」といったら、自分以外の子の頭にタッチします。「タッチ・ピンク」といったら、自分以外の子が身につけているピンク色の物にタッチします

2 先生が「タッチ・右の肩！」といったら、子どもたちはすばやく友だちの右肩にタッチします。

先生：みんな、だいたいわかったかな？　先生が「タッチ」の後に何を言うかをよく聞いて、すばやく友だちにタッチしてね。たたいちゃダメだよ。やさしくね。ではやってみよう！タッチ・右の肩！

> 🔴 **ここがポイント** 友だちをたたく子が出ないように、タッチとたたくの違いを強調する。

3 何回か繰り返したら、スローモーションに切り替えます。

先生：じゃあ、ここからはスローモーションでいくよ！ できるだけゆ〜っくり動いて、タッチしてね

子ども：はーい！

先生：では、「タッチ・白色」！

> **夢中にさせるコツ**
> 子どもたちはゆ〜っくりと動くことが大好きです。「もっとゆっくり〜」と声をかけて盛り上げてみてください。

4 席替えをした後は、隣の席の子とペアで行うとよいでしょう。

先生：タッチしていいのは、隣の席の子だけだよ。では、「タッチ・おでこ」！

ベテラン教師のアドバイス

- ✔ 中学年になると、おでこなどのスキンシップを恥ずかしがる子もいるので注意してください。その際は、男女別（同性同士でタッチ）にするとよいでしょう。
- ✔ 4のとき、ペアだけではなくグループでくくっても。
- ✔ 「タッチ・左手で○○」と触れる手を限定するのもおもしろいです。

PART 3　学校の節目をつくるあそび⑦

スグでき！

子どもたちの活発なコミュニケーションを図る

◯人組を作ろう！

おすすめの学年＞**低・中学年**　　人数＞**全員**　　場所＞**体育館**

あそびのねらい

2人組、3人組、5人組などを作らせることで、子ども同士の積極的なコミュニケーションを促します。先生の指示を集中してよく聞き、パッと動けるような俊敏性も身につけられるといいですね。

用意するもの
- 特になし

導入のことばかけ

「これから『◯人組を作ろう！』というゲームをします。2人だったり3人だったり、先生の言った人数でかたまって座ってください。いつも仲良しの子とだけ一緒にいたら勝てないよ。いろんな子に声をかけて勝ち残れるようにがんばってください」

●あそび方

1 子どもたちは円形に座ります。

先生：「では、大きく円になって、中心を向いて座ってください」

2 先生が「2人組！」と指示をしたら、子どもたちは2人組を作り、座ります。

先生：「では、いくよ！ 2人組！　10、9、8…」

子ども：「キャー」

夢中にさせるコツ

制限時間を10秒に設定し、大声でカウントダウン！
子どもたちの切迫感をあおり、盛り上がるでしょう。

82

3 2人組が作れなかった子は円の外で待機させ、「3人組！」「4人組！」など数字をランダムに変えて繰り返します。

先生：ペアが作れなかった子は、円の外に出てね。先生の隣に来て座ってください

先生：では、次、3人組！

> **ここがポイント** 円の外の子が飽きないように「応援してあげてね」など声をかける。

4 最後に残ったペアが勝ちです。

先生：最後まで残ったのは、○○くん、○○くんのペアです。みんな拍手！

やったー！

ベテラン教師のアドバイス

✓ 教室で行ってもよいですが、大騒ぎになる可能性も。体育館で、学級開きのあとのアイスブレイクや体育の授業のウォーミングアップで行うとよいでしょう。

✓ ほかのクラスやほかの学年との交流の際に行っても。知らない子同士でも仲良く盛り上がれるゲームです。

PART 3　学校の節目をつくるあそび⑧

スグでき！　校庭の木で四季の変化が楽しめる

これは何の木？

おすすめの学年＞全学年　　人数＞何人でも　　場所＞教室、校庭

あそびのねらい
子どもたちは案外、校庭の木を見ていないもの。木に名札がかけてあっても、見ていない子が多いものです。このゲームを通して植物に興味をもち、四季の変化に気づきやすくなります。

用意するもの
- 校庭の木の葉っぱ
- 模造紙で作った校内の図

導入のことばかけ
「みなさん、学校には木や花がたくさん植えられていますね。どんな木が植えられているか知っていますか？　これから木を見つけるゲームをしましょう」

●あそび方

1 班ごとに席をかためて、先生が拾っておいた木の葉を子どもたちに見せます。

先生：「この葉っぱは、どこに植えられている木のものでしょうか？　では、班ごとに話し合ってください」

ここがポイント　校庭で本数がもっとも多く、目につきやすい木から出題するとよい。

2 子どもたちは葉っぱの木が校内のどこにあるのか予想し、話し合います。木の葉は黒板に掲示しておきます。

3 休み時間になったら、子どもたちはどこにある木かを調べに行きます。

> ねぇ、この木じゃない？ サクラ

> ホントだ！ きっとそうだよ！

4 班ごとに木の名前を報告します。先生は模造紙大の校内の図を用意しておき、当たっていたら木の名前や発見した人の名前を書きこんでいきます。

> サクラです！

> 正解！

先生

夢中にさせるコツ

校内の図を掲示しておくと、成果が目に見えて◎。同じ木でも、ほかの場所にないかを確かめるように促しましょう。

ベテラン教師のアドバイス

✔ 新学期の始めなど、四季の変化が感じられる時期におすすめのあそび。

✔ 葉をパウチしておくと、ほかの先生もすぐに使えて便利です。

✔ 子どもたちは木や花への関心が高まり「〇〇の花が咲いていたよ！」と発見し、発表したくなる子が出てきます。

✔ 低学年の場合は3のとき、「これから一緒に探しに行こう」と呼びかけ、みんなで校庭を散策するとよいでしょう。

PART 3　学級の節目をつくるあそび⑨

スグでき！　クラスメートへの関心を高めるあそび

席替え間違い探し

おすすめの学年＞中学年　　人数＞全員　　場所＞教室

あそびのねらい

ふだんあまり交流のない友だちの顔や名前を意識することが、仲良くなる第一歩。学級開きの後や新学期が始まってすぐに行うと、一体感が深まり、緊張している中でのよい息抜きにもなります。

用意するもの
- 指示を書いた紙

導入のことばかけ

「席替えをしてから1週間が経ちました。みんな、もう慣れたかな？　友だちの席を覚えてる？　今日はこれから、席替えにちなんだ間違い探しゲームをしましょう」

●あそび方

1 先生が1人を指名し、1分間でクラスメートの顔と席順を覚えてもらいます。その後、廊下で待機させます。

先生：じゃあ、日直の○○くん、やってみようか。前に出てきて1分間でみんなの顔と席順を覚えてください

はい！

先生：（1分後）じゃあ、ちょっとだけ廊下で待っててね

2 先生が、席を移動する人を指示します。たとえば「4月生まれの人」など、5～6人移動するような指示を用意しておきましょう。

先生：では、（紙を見せて）この人たちは席を入れ替わってください

私だ！

先生：しーっ！　静かにね～

> **ここがポイント** 廊下に待機させている子が寂しくならないように、手早く指示を出す。

3 廊下に待機させている子を呼び戻し、間違い探しスタート！

先生：みんな、準備はいいかな？ 全員、ニコニコして、誰が替わったかわからないように協力してね

はーい！

先生：（○○くんを呼び戻して）この中で5人が席を替わっています。どの人か、5分以内に当ててね。では、スタート！

夢中にさせるコツ

席を替わっていない子が飽きないように協力を求める声かけをして、全員参加であることをアピールしましょう。

4 5分後、移動している人を発表してもらいます。

山下くんと、南さん！

当たっちゃった〜

あと3人。わかるかな？

ベテラン教師のアドバイス

✓ 2のとき、「○月生まれの人」のほか「○○クラブの人」「○○地区に住んでいる人」「AB型の人」などの指示もおすすめ。移動する子たちの簡単なプロフィールを知らせることができます。

✓ 解答者が孤立しないように、先生は味方でいてあげてください。4のとき、答えにつまっていれば、ヒントを出してあげると◎。

PART 3　学級の節目をつくるあそび⑩

スグでき！　班で協力して高いタワーを作る！

スカイツリー

おすすめの学年＞全学年　　人数＞何人でも　　場所＞教室

あそびのねらい

学習道具を工夫して積んでタワーを作ります。班内でコミュニケーションを取りながら進めることで、協力する態度が身につきます。学期ごとに行い、記録を更新すると達成感を得られることも。

用意するもの
- 学習道具

導入のことばかけ

「みんな、東京の"スカイツリー"って知ってる？　そう、日本で一番高いタワーだね。今日は学期の終わりの記念に、スカイツリーのように高いタワーを作りましょう」

●あそび方

1　5人くらいの班を作り、机をかためて、学習道具を出します。

先生：教科書やお道具箱など、学習道具を机の上に出してください

子ども：はーい！

教科書、ペンケース、お道具箱……など

2　先生が声をかけ、子どもたちに話し合いをさせます。

先生：このゲームで大事なのは、班で協力することです。では実際に作る前に、どうすれば高くなりそうか、ちょっと考えてみて

子ども：やっぱりお道具箱は一番下じゃない？

子ども：うん、そうだよね！

わいわい　がやがや

ここがポイント　話し合いが進んでいない班は、先生が加わってアドバイスを。

3 制限時間を設定して黒板に書いて、スタートの号令をかけます。

先生：制限時間は10分です。準備はいいかな？はい、始め！

よーいはじめ！

10分

夢中にさせるコツ

タワーを作り始めたら、先生は各班を回って声かけを。危険なことはさせず、協力し合っている様子を褒めます。

4 制限時間になったら審査し、一番高いツリーを表彰します。

先生：〇班が一番高いタワーができたね！みんな、拍手！

わーい！

やったー！

一番高いね！

やったー！！

ベテラン教師のアドバイス

✔ 勝ち負けではなく、いかに協力し合えているかに注目しましょう。

✔ 4のステップでは、一番高いタワーのほか一番美しいタワーや一番ユニークなタワーなども表彰を。各班のがんばりを讃えてあげると、子どもたちは喜ぶはずです。

✔ クリスマスツリーにちなんで、クリスマスの時期に行うのも◎。

PART 3　学級の節目をつくるあそび⑪

スグでき！ スキンシップで親密度がアップ

ひざ乗りイス取りゲーム

おすすめの学年＞低学年　人数＞14〜20人くらい　場所＞教室

あそびのねらい
従来のイス取りゲームをアレンジ。「友だちをひざに乗せてあげる」というルールなので、自然と子ども同士の親密度が増します。新学期が始まったころや、お楽しみ会などにおすすめ。

用意するもの
- イス（参加者数の半数）
- 音楽とプレイヤー

導入のことばかけ
「今日はイス取りゲームをするよ。でも、ふつうのイス取りゲームよりちょっと難しくて、協力し合わないとどんどん脱落してしまいます。だからみんなで仲良く協力し合って、さっそくやってみましょう!」

●あそび方

1 参加人数の半数のイスを並べます。

先生：「みんなでイスを並べて〜。14人でやるから、7つね」

2 音楽を流したら、子どもたちはイスの周りを歩きます。

先生：「では、音楽スタート！」

ここがポイント
慣れないうちはケガのないようにゆっくりめのテンポで。

3 音楽が止まったらイスに座り、座れなかった子は、座っている子のひざの上に座ります。

先生：立っている子は、座っている子のひざの上に座らないと脱落しちゃうよ～！

夢中にさせるコツ
座っている子に「立っている子の名前を呼んであげて」と一言かけてあげると、ひざの上に座りやすくなります。

4 全員が座れたら、イスを一つ抜いて続行します。最後に残った2人が勝ち。

先生：では、イスを一つ抜きます。ここから2人ずつ脱落しちゃうから、がんばってね。では、音楽スタート！

ベテラン教師のアドバイス

✔ 音楽を流しながらほどよく体を動かすため気分転換できます。

✔ 友だちをひざの上に乗せてあげることでコミュニケーションが生まれます。

✔ 学級開きのすぐあとは、恥ずかしがる子が多いかもしれません。先生が積極的に声かけをしてコミュニケーションを促してあげて。

PART 3　ひざ乗りイス取りゲーム

PART 3　学級の節目をつくるあそび⑫

スグでき！ 仲間ができる喜びを味わうあそび

同じ仲間、み〜つけた！

おすすめの学年＞全学年　人数＞全員　場所＞教室

あそびのねらい
好きな色、好きな動物などをテーマに、同じ趣味趣向の仲間を見つけるあそびです。このあそびを機に、あまり親しくなかった子と会話が弾むことも。子どもたちは仲間ができる喜びを味わいます。

用意するもの
- 特になし

導入のことばかけ
「これから、みんなで仲間集めをするよ。先生が質問を出すから、みんなはその答えを言いながら教室を歩き回ってください。そこで同じ答えを言っている友だちを見つけたら、腕を組んで仲間になります。わかったかな？」

●あそび方

1 先生が質問を出します。たとえば「好きな色」。

先生:「では、最初の質問を言うよ。みんなの好きな色は？」

(好きな色は？)

2 子どもたちは自分の「好きな色」を繰り返し言いながら教室内を歩き回ります。

「赤、赤、赤、赤…」
「黄色、黄色、黄色…」

(赤・赤…) (黄色…)

92

3 同じ色の子がいたら、腕を組んでグループを作り、
仲間をどんどん増やしていきます。

> 赤、赤、赤、赤！

> 赤…

> 赤、赤…

ここがポイント
なかなか仲間が見つからない子は、
一緒に探すなどフォローを。

4 先生は次の質問を読み上げます。
子どもたちはグループを解散し、また新しい仲間を見つけに歩き回ります。

先生
> では、次の質問に行くよ〜。
> 好きな動物は？　はい、新しい仲間を見つけてね

> 動物！

夢中にさせるコツ
質問は、たとえば好きな食べ物、通学手段など、確実に仲間が見つかりそうなものから出しましょう。

ベテラン教師のアドバイス

✓ 子どもたちが仲間探しに慣れてきたら
「夏休みのお出かけで一番楽しかった場所は？」や
「この学期に一番楽しみにしていること（楽しかったこと）」など、
答えが分かれそうなものにもチャレンジを。
仲間が見つかったとき、いっそううれしくなるはずです。

PART3 同じ仲間、み〜つけた！

PART 3　学級の節目をつくるあそび⑬

スグでき！　学校生活の節目や季節を意識させる

耳を澄ませて、音、いくつ？

おすすめの学年＞低・中学年　　人数＞全員　　場所＞教室

あそびのねらい
五感の一つ、聴覚を研ぎ澄ませます。新学期でざわざわしているときなど、集中するきっかけに。学校生活は連続しているようでもちゃんと節目があることを、耳や目で確かめて意識させます。

用意するもの
- ノート
- 筆記用具

導入のことばかけ
「みんな、おしゃべりをちょっとやめてみて。3、2、1、ゼロ…。そう、静かになったね。目を閉じてごらん。何が聴こえる？」

●あそび方

1 みんなで目を閉じて耳を澄ませます。

ここがポイント
気候のよい日は、あらかじめ窓を開けておくとよい。

2 音がいくつ聴こえるか、何の音が聴こえるかを数人の子に聞きます。

先生：はい、目を開けて。何種類の音が聴こえたかな？

3つ！

先生：何の音だった？

音はいくつ？何の音？

3つです！

風の音と、鳥の声と、人の声

3 みんなで目を閉じて、もう一度、耳を澄ませて確認します。

先生:「先生は5つの音が聴こえたよ。もう一度、目をつぶって聴いてみよう」

夢中にさせるコツ

先生にたくさんの音が聴こえていることを知ると、子どもたちはより静かに耳を澄ませるでしょう。

4 子どもたちはノートに何の音が聴こえるかを書き出し、発表します。

先生:「何の音が聴こえたか、一度、ノートに書き出してみよう」

先生:「〇〇くんは何の音が聴こえた？」

（カラスのなきごえ）
（風の音がきこえた…）

ベテラン教師のアドバイス

- ✔ ノートに書き出すことで、詩の学習の導入になる可能性もあります。
- ✔ 外の鳥の声や、校庭で運動会の練習をしている声、歌や合奏など、季節の変化に気づくきっかけにもなるでしょう。
- ✔ このあそびはどこででもできます。遠足などで自然のある場所へ出かけたら、いつもと違う音をたくさん楽しめます。

PART 3 耳を澄ませて、音、いくつ？

> 子どもとあそび 〜中学年〜

友だちと深く関わり
個性やよさを認め合えるように

　中学年になると学校にもすっかり慣れて、教室や校庭のあちらこちらで友だちと仲良くあそぶ姿が見受けられるはず。この時期の子どもたちは、協力して活動する中で、友だちとの関わりをどんどん深めていきます。あそびにおいても、班や隣の席の子と協力して行うものを積極的に取り入れていきましょう。ふだん仲のよい特定の子だけではなく、いろいろな子と交流を図るあそびも行ない、互いの個性やよさを認め合えるといいですね。その結果、学級の雰囲気もよくなります。

　また、中学年の子どもたちは、役割分担の必要性や合理性もわかるようになってきます。いくつかのポジションが設定されているあそびで、子どもたち自身に役割分担をさせてもよいでしょう。話し合う中でコミュニケーションが活発になり、役割に対する責任感も芽生えます。ふだん消極的な子も役割を与えられれば積極的になったり、活躍のチャンスが訪れることも。また、役割を全うできれば自信につながるでしょう。先生は結果よりもがんばった過程を褒めてあげてくださいね。

　一方、中学年の子の話で時々、耳にするのが「9歳の壁」。9歳、10歳になると学習が具体的なものから抽象的な内容に変わり、学力の個人差が大きく開いて授業についていけない子どもが増えます。その現象は「9歳の壁」と呼ばれてきました。そうすると、どうしても劣等感をもってしまう子がでてきます。あそびの中でも、できなかったときに劣等感をもたせないように、先生がフォローしてあげてください。「できなかったけれど楽しかった！」と思えたら、また次回行うときも意欲的に取り組めるはずです。反復は成長の父。子どもたちに目を配りながら、先生も一緒に楽しくあそびましょう。

PART 4

子ども同士の
交わりを育み
班学習に役立つ
あそび

PART 4　子ども同士の交わりを育み班学習に役立つあそび①

色から物を連想して想像力を養う

僕（わたし）はこの目で

スグでき！

| おすすめの学年＞低・中学年 | 人数＞全員 | 場所＞教室 |

あそびのねらい

休日に見た印象的な物を色で表して、ほかの子が当てるゲーム。問題に答える子どもたちは、色からいろいろな物を連想し、想像力を養います。先生にとっては子どもたちの休日の過ごし方を知る機会に。

用意するもの
● 特になし

導入のことばかけ

「みんな、昨日の日曜日は何をしていましたか？　家族とどこかへお出かけした人、おうちで過ごした人、いろいろいると思います。これからゲームをするので、ちょっと思い出してみてください」

●あそび方

1 先生がルールを説明します。

先生：これから一人の子に前に出てきてもらって、問題を出してもらいます。昨日見たものの中で一つ、印象に残っている物を、たとえば「この目で、青色のものを見たよ」と色で教えてください。その色を手掛かりに、ほかのみんなで当てましょう

2 選ばれた子どもが前に出て、出題します。

ぼくは、この目で赤色のものを見たよ！

ボクはこの目で…

98

3 ほかの子どもたちは推理して当てます。

- 赤…。ポスト？
- いいえ

赤…赤…

POST 〒

夢中にさせるコツ
なかなか正解が出ないときは、ヒントを出すように先生が促し、ゲームに弾みをつけて。

4 正解した子どもが、次の出題者になります。

- 消防車！
- 正解！

先生：消防車をどこで見たの？

昨日、ママと買い物に行く途中、○○通りを走ってました

先生：そう、どこかで火事があったのかな。では、次は正解を当てた○○ちゃんに問題を出してもらいます

ここがポイント 正解が出たら、その色にまつわるエピソードを尋ねると◎。

ベテラン教師のアドバイス

✔ 月曜日や夏休みなどの長期休暇明けに行うのがおすすめ。
休日を振り返ることで、子ども同士のコミュニケーションのきっかけにも。

✔ すべての子が出題できるように機会を設けるのが理想です。

✔ 英語教育を行っている学校、学年の場合、色を英語で発表すると◎。

PART 4 僕（わたし）はこの目で

PART 4　子ども同士の交わりを育み班学習に役立つあそび②

スグでき！　ドキドキの心理戦でチームワークを養う

Up, Jenkins!

おすすめの学年＞低学年　　人数＞5〜9人　　場所＞教室など

あそびのねらい
英語圏で親しまれているパーティーゲーム。コインを誰が隠し持っているのか、心理戦を繰り広げます。チームワークの育成や、友だちの表情、しぐさなどをじっくりと観察するよい機会にも。

用意するもの
- コイン（2枚）
- 長机（計9人座れる台数）
- イス（人数分）

導入のことばかけ
「これからコインを使ったゲームをしましょう。けっこうドキドキするゲームだよ。まずは、2つのチーム（A・B）に分かれて、長机越しに向かい合って座ります」

●あそび方

1 両チームのキャプテンを決めます。Aグループの先頭の子どもにコインを持たせて、スタート！

先生：では最初にAチームから。このコインを、Bチームの子に見られないように、机の下で順々に手渡していきます

ここがポイント　1度目はルールを説明しながら試して、2回目を本番にするとよい。

2 Bチームのキャプテンが「Up, Jenkins!」と叫び、Aチームは全員、両手を机の上に出します。

先生：Bチームのキャプテンが1から10まで数えて、「Up, Jenkins!」と叫びます。そうしたらAチームの子は全員、両手を握りこぶしの状態で机の上に出してください

3 Bチーム全員で「Down, Jenkins！」と叫びます。
Aチームは全員、手のひらを下向きに。

先生：そうしたら、Bチーム全員で「Down, Jenkins！」と叫びます。Aチームは全員、手のひらを机の上で下向きに広げます

4 Bチームがコインの保持者を当てます。

先生：Bチームの子は、コインの音や手の膨らみ、表情などをよ〜く分析して、どの子がコインを隠し持っているかを当ててね

夢中にさせるコツ
慣れてきたら、コインを2枚に。難易度が上がって、コインを隠す側も当てる側も楽しさが増します。

PART4 Up, Jenkins!

ベテラン教師のアドバイス

✔ 子どもたちが「Up, Jenkins！」と言いづらそうであれば、先生の好きな言葉で置き換えても構いません。

✔ 長机を使っていつもと違うシチュエーションであそぶゲームなので、お楽しみ会などで行うのがよいでしょう。

PART 4　子ども同士の交わりを育み班学習に役立つあそび③

スグでき！ オニごっこで集団のルールを学ぶ

いろいろなオニごっこ〜ドラキュラ

おすすめの学年＞全学年　人数＞全員　場所＞体育館

あそびのねらい

昔からあるオニごっこのアレンジ版。子どもたちから「この先生はおもしろいことを知っている」と思われ、先生の知的権威がアップ。あそびながら集団のルールを学び、学級全体に活気も出ます。

用意するもの
- 特になし

導入のことばかけ

「みんな、オニごっこって知ってる？　じゃあ、ドラキュラのオニごっこは？
知らない？　今日はクラス全員で、ドラキュラのオニごっこをやってみましょう」

●あそび方

1 体育館をA、ドラキュラの館、Bに三等分し、先生がルール説明をします。

先生：「ドラキュラが、真ん中のドラキュラの館にいます。みんなはタッチされないように、先生の号令に合わせて、2分以内にAからBへ移動し、BからAに戻ってきてください」

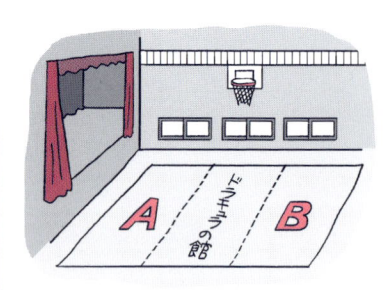

2 子どもたちはAに集まり、オニはドラキュラの館に入ります。

先生：「最初のドラキュラは、○○くんにやってもらいましょう。いいかな？」

はーい

ここがポイント　初めてやるオニごっこなので、俊足の子や明るい性格の子をオニ役に。

3 「始め！」の合図で子どもたちはAからBへ走ります。これを繰り返し、3往復できたら勝ち。

先生: では、始め！ 制限時間は2分だよ〜

キャー（と走る）

先生: あと20秒！ 10秒！ 9,8,7…

夢中にさせるコツ

残り時間をカウントダウンすると緊迫感が出て盛り上がります。

オニ役の子が孤立しないように応援してあげて。

4 途中、ドラキュラにタッチされた人は、ドラキュラの仲間入り。

タッチ！

ドラキュラになっちゃった〜！

先生: ○○ちゃんもドラキュラの仲間入り！

ベテラン教師のアドバイス

✓ ほかのアレンジは、オニも子もケンケンして行う「ケンケンオニ」。ずっと同じ足で跳ぶと疲れるので、「足替え所」や「休憩所」を。教室など狭い場所でオニごっこを行うときにおすすめです。

✓ ほか、タッチされるとオニが増えていく「増やしオニ」や、全員が目を閉じている間に先生がオニを指名し誰がオニかわからない状態でオニごっこをする「スリルオニ」など、学年や場所に応じて経験したことのないオニごっこを試してみて。

PART 4 いろいろなオニごっこ〜ドラキュラ

PART 4 子ども同士の交わりを育み班学習に役立つあそび④

スグでき！ 助け合いを学び、学級に活気を与える

いろいろなドッジボール

おすすめの学年＞全学年　人数＞全員　場所＞校庭、体育館

あそびのねらい
それぞれ独自のルールを設けたドッジボールのアレンジ集です。子どもたちは助け合うことを学び、苦手な子にも活躍する場面ができるでしょう。4種類紹介しますので、ぜひ試してみてください。

用意するもの
● ドッジボール

導入のことばかけ
「みんな、ドッジボールって知ってるよね？　じゃあ、○○ドッジは？（子ども「なにそれ〜？」）じゃあ、みんなでやってみよう！　2チームに分けるよ〜」

●あそび方

1 男女対抗や異学年と行うとき、男子は利き腕で投げられない「ハンデドッジ」。

先生：これからやるのは、「ハンデドッジ」といいます。男子は利き腕で投げたらダメというルールだよ

2 ボールを当てられたら相手チームに加わる「アメリカンドッジ」。

先生：これからやるのは「アメリカンドッジ」といいます。ボールを当てられちゃった子は、相手チームに加わります

相手チームへ

3 各チーム、王様を1人決めて、王様が当てられたら負けになる「王様ドッジ」。

先生：これから「王様ドッジ」をします。チームで話し合って、王様を1人決めてください。その王様が当てられちゃったら負けだよ！

夢中にさせるコツ
2回戦をやるなら、チームで決めた王様を相手に知らせないようにする「隠れ王様ドッジ」もおすすめです。

4 ボールを2個、3個と増やしていく「複数ボール」。

先生：これからやるのは「複数ボール」といいます。名前の通り、ゲームの途中からボールが増えていくから、逃げるのが難しくなるよ！

夢中にさせるコツ
ボールを増やしていく中で、女子だけがさわることのできる「ピンクボール」を設定しても楽しいです。

ベテラン教師のアドバイス

- ✓ 子どもたちになじみの深いドッジボールですが、いろいろなドッジを知っていることで先生の知的権威がアップ！
- ✓ 先生主体のお楽しみ会など、全員であそぶときに行うと、学級全体に活気が出て雰囲気がよくなります。

PART 4 いろいろなドッジボール

PART 4　子ども同士の交わりを育み班学習に役立つあそび⑤

スグでき！　戦略を練るおもしろさを知るあそび

グーチョキパーの決戦

おすすめの学年＞全学年　　人数＞全員　　場所＞校庭、体育館

あそびのねらい

ジャンケンを使ったあそび。各兵隊、王様と個々に役割を与えることで、それぞれが活躍する機会を設けます。作戦会議を通じてコミュニケーションを育み、協力し合う姿勢を促します。

用意するもの
- 特になし

導入のことばかけ

「これから『ジャンケン王国の大決戦』を始めます。ジャンケン王国は2つに分裂していて、それぞれの国にグーの兵隊、チョキの兵隊、パーの兵隊と王様がいます。みんなも2チームに分かれて、さっそくそれぞれの役割を決めましょう」

●あそび方

1 子どもたちは2チームに分かれて役割を決め、作戦を練ります。

先生：グーの兵隊は、グーしか出せません。チョキとパーの兵隊も同じです。王様はグー、チョキ、パーのどれを武器にするかを決めて、先生に教えてね。王様は1人ですが、グーチョキパーの人数は自由。それぞれ相手チームに知られないようにね。では作戦会議を開いてください。時間は5分です

夢中にさせるコツ

「攻める人、守る人、影武者などを作ると強くなるよ！」と声をかけると、作戦会議に気合いが入るでしょう。

2 それぞれの陣地から出陣して、決戦スタート！

先生：それでは、決戦を始めるよ！ 陣地から出て、相手チームにタッチされたり、タッチしたら、ジャンケンをします。負けた子はその場に座ること。よーい、ドン！

3 負けた子はその場に座ります。

ジャンケンポン！

負けちゃったぁ

先生：座っている子は味方チームを応援してね！

! ここがポイント
最後まで全員で楽しめるように、座っている子に気を配る。

4 王様を早く倒したチームの勝ちです。

負けちゃったぁ。僕が王様でした

やった！ 王様を倒したよ！

先生：今回は、こちらチームの勝ち！

ベテラン教師のアドバイス

✔ 回を重ねるごとに作戦時間を長くしていきましょう。
子どもたちは経験を活かして、あれこれと考えるようになります。

✔ やんちゃな子と戦略的な子が手を組んでリードしたり、
学級内で相乗効果が生まれます。
子どもたちの助け合う姿も見られるでしょう。

○月×日 曇

PART 4　子ども同士の交わりを育み班学習に役立つあそび⑥

スグでき!　意外な交流が生まれるビンゴゲーム

スペシャルナンバー

おすすめの学年＞高学年　人数＞全員　場所＞教室

あそびのねらい
クラスの友だちの輪を広げさせたいときは、子ども同士の積極的なコミュニケーションを図りましょう。友だちの「特別な数字」によっては、意外な友たちとの交流が生まれる楽しさも味わえます。

用意するもの
● ビンゴカード
● メモ帳
● 筆記用具

導入のことばかけ

「あなたは何月生まれですか？　何日生まれですか？　誕生日のほかにも、みんなそれぞれ自分にとっての『特別な数字』があると思います。
今日はこれから、友だちにとって「特別な数字」を探すビンゴをやりましょう」

●あそび方

1 先生は市販のビンゴカードを1枚ずつ配ります。その間に、子どもたちに特別な数字を思い浮かべてもらいます。

> 先生：誕生日や住所の番地、出席番号、ユニフォームの背番号、特別な数字っていろいろあるよね？なるべくたくさん思い浮かべてください

> たん生日は8月8日
> わたしの家は15番地

2 子どもたちは教室を歩き回って友だちと話しながら、ビンゴカードの中から相手にとって特別な数字を探します。

> 先生：ではこれから、教室を歩き回って友だちから特別な数字とその理由を教えてもらいましょう。教えてもらうのは一人につき1個で、メモをとってね。時間は10分です。はい、始め！

> ○○くんの特別な数字を教えて！

> 8月生まれだから、8！

> 8月生まれの8！

3 見つかったら、その数字の意味を
メモして穴を開けます。

> 8、あった！（メモして穴を開ける）〇〇くん、夏に生まれたんだね

> そうだよ〜

ここがポイント　メモをとっておけば、後日、友だちに話しかけるきっかけにもなる。

4 子どもたちは制限時間（10分くらい）内に何列ビンゴになるかを競い、順位をつけます。

> では、1列そろった人、手を挙げて〜（最多の人がわかったら）今回は、〇〇ちゃんが1位です！

> やったー！

先生
> では、〇〇ちゃんが友だちから教えてもらった特別な数字を発表してください

夢中にさせるコツ
3位くらいまで発表しましょう。ビンゴを目指して、積極的にいろいろな友だちに話しかけるようになります。

ベテラン教師のアドバイス

✔ 「特別な数字」ですが、家族の体重、コレクションの数など、多少のこじつけはOKにしましょう。

✔ 1か所も穴を開けられない子がいたら、先生が相手になり、「特別な数字」を教えてチャンスを与えてあげてください。

✔ 学期末のお楽しみ会など特別なときにやると、さらに盛り上がるでしょう。

PART 4　子ども同士の交わりを育み班学習に役立つあそび⑦

スグでき！　助け合いや協力の大切さを分かち合う

5つの「円」でクラス円満ゲーム

おすすめの学年＞中学年　人数＞5人　場所＞教室

あそびのねらい
バラバラに切り分けられた5つの円を、5人で1つずつ完成させていくあそび。相談禁止のため、友だちの動きに自然に目を向けるように。"協力"のイメージが「円」という具体的な形で目に見えます。

用意するもの
- 円形の厚紙
- 封筒
- ノート
- 筆記用具

導入のことばかけ

「みんなは「円満」という言葉を知っていますか？　円のように角がなく、穏やかで調和がとれているなどという意味です。今日はクラスやグループの円満を目指して、みんなで協力して、円を完成させるゲームをやってみましょう」

●あそび方

1　先生は、直径約12cmの5つの円を以下のように切り分け、それぞれのパーツを5つの封筒に入れておきます

※「a」は半円、「b」は円の4分の1、「f」は円の8分の1、「e」は円の8分の3です。
　以下の円を360%に拡大コピーして使用してください。

封筒1…a、d、f
封筒2…b、d、a
封筒3…c、b、b、b
封筒4…e、f、f
封筒5…a、e、e

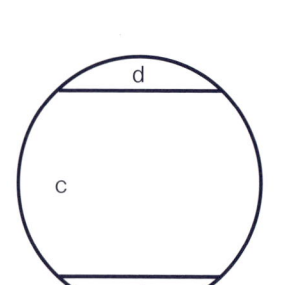

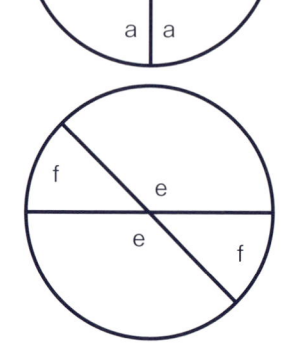

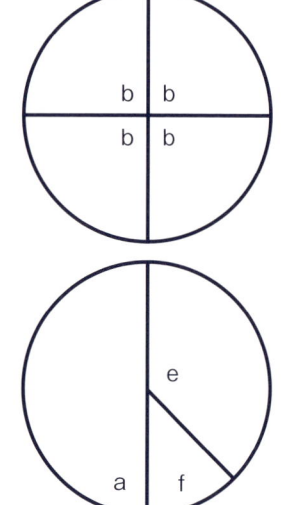

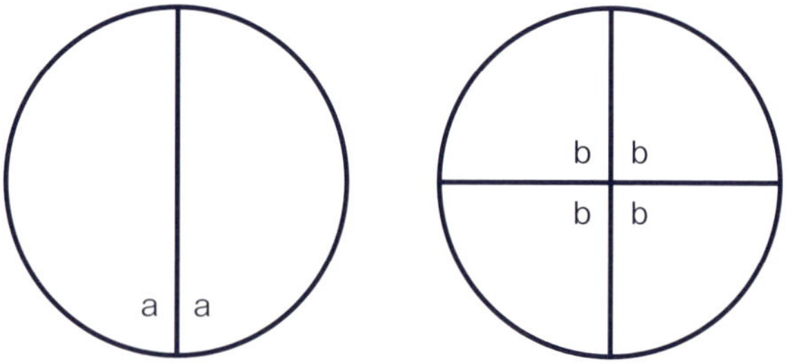

2 5人グループを作り、先生が封筒を配布します。
ルールを説明したら、ゲームスタート！

先生：封筒の中に、5つの円を切り分けたパーツが入っています。でも、そのまま合体させても円にはなりません。円を完成させるために、自分に必要のないパーツを場に出し、必要だと思うパーツを場から取っていきます。パーツを直接、人に渡したり、もらったりしてはいけません。相談したり、目配せやジェスチャーもナシです

先生：では、スタート！

ここがポイント パーツの直接のやり取りや相談などのNG事項をきちんと伝える。

3 5人全員の円が完成したら、気づいたことをノートに書いて話し合います。

先生：それでは各自、このゲームをやってみて気づいたことや感想をノートに書いてください。それをもとに、グループで話し合ってみましょう

夢中にさせるコツ
ゲーム中は相談禁止なので、最後に交流の機会を与えます。協力することの大切さを共有できるといいですね。

ベテラン教師のアドバイス

✓ 4人グループの場合、1人の子に2つの円を担当してもらいます。
　ゲームを始める前にあらかじめ選んでおきましょう。

✓ 色画用紙で作った円の台紙を5枚用意しておくと、
　課題の目標を理解しやすくてよいでしょう。

✓ 班替えの直後や、グループの調べ学習を始める前など、
　子ども同士の協力を促したいときにおすすめです。

PART 4　子ども同士の交わりを育み班学習に役立つあそび⑧

スグでき！　自分の学校や時事問題に詳しくなる！

アラウンドザワールド

おすすめの学年＞全学年　　人数＞何人でも　　場所＞体育館など

あそびのねらい
グループ対抗で、先生の問題に早押しで答えるゲーム。問題の内容によって、自分の知らない学校のことや時事問題に関心をもつようになったり、各教科の復習を楽しみながらできます。

用意するもの
●問題

導入のことばかけ
「今日は、○○小学校マル秘クイズを行います。みんなはどのくらい自分の学校のことを知ってるかな？　グループ対抗戦なので、協力してがんばりましょう!」

●あそび方

1 子どもたちを3〜4つのグループに分けて1列に並ばせます。先生はルール説明をし、各グループの先頭の子に口頭で出題します。

先生：「先生が各グループの先頭の人に問題を出します。わかった人は挙手してね。正解したら1ポイント。10分間で一番ポイントを獲得したグループが優勝です。それでは、両手距離間隔に開いて〜」

子ども：「はーい！」

先生：「第1問！　校長先生の名前は？」

!ここがポイント　メリハリをつけて行うため制限時間（5〜10分）を事前に伝えておく。

2 先生はもっとも速く挙手した人を指名します。正解したら1ポイント。間違えたら2番目に挙手した人に解答権が移ります。

子ども：「はい！」
先生：「○○くん」
子ども：「角田丸夫先生です」
先生：「正解！　Bグループに1ポイント入りました」

夢中にさせるコツ

早押しなので、問題を出すとき「校長先生の…名前は？」という風に、時々わざとためて言うと、子どもたちはより惹きつけられます。

3 最初の解答者は各列の一つ後ろに下がり、最後尾の人が一番前に出て解答者になります。

先生：では全員、一人分ずつ後ろに下がって〜。一番後ろの子は先頭まで出てきてください

4 制限時間（5〜10分）がきたらクイズ終了。優勝したグループを発表します。

先生：そろそろ10分経ちましたね。各グループのポイント数を発表します

（ドキドキ）

先生：Aグループ、5ポイント。Bグループ、7ポイント。Cグループ、4ポイント。Dグループ、4ポイント。今回の優勝は、Bグループです！

やったー！

先生：みんな、拍手！

PART 4　アラウンドザワールド

ベテラン教師のアドバイス

✔ 各教科の授業で行うなら、「平行四辺形の求め方は？」「この漢字の読み方は？」「日本の三大工業地帯は？」など学年や授業の進度に合わせた問題にするとよいでしょう。

✔ 学活の時間で行うなら、タイムリーな時事問題やスポーツ・芸能などのマニアックな問題、なぞなぞでもOK。

PART 4 子ども同士の交わりを育み班学習に役立つあそび⑨

スグでき！ おもしろポーズが笑いを生む！

出世ジャンケン

おすすめの学年 ＞ 中・高学年　　人数 ＞ 全員　　場所 ＞ 教室、体育館

> **あそびのねらい**
> いろいろな友だちと触れ合えるジャンケンゲーム。ユニークなポーズをとることで笑いが生まれ、学級全体に活気が出ます。連休明けの朝など、元気が足りないときに試してみてください。

用意するもの
- 問題を書いた紙

導入のことばかけ

「これからだんだん偉くなっていくゲームをします。偉くなるためには、ジャンケンに勝つこと、先生の出す問題に正解すること、この２つが条件です。やってみる？」

●あそび方

1 子どもたちはひざを抱えて丸くなって座り、「卵」のポーズをとってスタート。卵同士でジャンケンをします。

> 先生：みんな、卵になったかな？　それでは、出世じゃんけん、スタート！

スタート！

2 ジャンケンに勝った人は「カニ」のポーズで先生の前に並びます。先生の出す問題に答えて、正解ならカニ同士でジャンケンをします。
不正解なら再度、問題にチャレンジ！

> 先生：8×8は？

> …60？

> 先生：残念！　もう一度、列の後ろに並んでね

> **ここがポイント** 教科の問題やなぞなぞなどさまざまな問題を用意しておくと楽しい。

3 ジャンケンに勝った人は「鳥」のマネをしながら先生の前に並び、問題に答えます。あとは同様に「ゴリラ」→「人間」と出世していきます。

> 先生、鳥になったよ！

> （先生）よーし、じゃあ問題いくよ！

夢中にさせるコツ
ゴリラなどのほか、ゾウやヘビ、ウルトラマンなどポーズのおもしろそうなものを取り入れると、さらに夢中に！

4 人間になった人から順番に並びます。先生はきりのよいところで順位を発表します。

> （先生）人間になった1番は○○くん、2番は○○さん。みんな、拍手！

> わーい！

> （先生）人間まで出世できなかった人は、次回がんばりましょう

ベテラン教師のアドバイス

✔ 1～3位くらいまで発表してがんばりを褒めてあげましょう。
「○○くんはゴリラのマネが上手だったね！」など、出世できなかった子にもなるべく褒めの声かけを。

✔ 易しい問題と難しい問題の両方をたくさん用意しておくと◎。
易しい問題もないと永遠に正解できない子が出てきてしまいます。

PART 4 出世ジャンケン

PART 4 子ども同士の交わりを育み班学習に役立つあそび⑩

スグでき！ 質問力がぐんとアップするあそび

背中の言葉当てゲーム

おすすめの学年＞中・高学年　　人数＞何人でも　　場所＞教室

あそびのねらい

わからないことがあってもうまく伝えられない、恥ずかしくて質問できない子がいます。しかし、このゲームを通して質問の重要性に気づき、質問できるようになる子が増えるはず。

用意するもの
- 紙（A4サイズくらい）
- ガムテープ

導入のことばかけ

「質問は、学習を深める重要な役割をもっています。質問をするとわからなかったことがわかったり、曖昧な点や足りない部分をはっきりさせたりすることもできますね。今日は、みなさんの質問力を鍛えるゲームをしましょう」

●あそび方

1 先生はルール説明をし、動物の名前を書いた紙を1枚ずつ子どもたちの背中に貼ります。

先生：背中の動物を当てるために、教室の中を歩いて出会った人に質問をします。友だちと出会ったらジャンケンをして、勝った人から先に質問します。質問は1回のみ。お互いに質問したら別れて、別の友だちに出会いましょう

夢中にさせるコツ

初めは「動物」がおすすめ。ゴリラなどユニークな動物の名前を背中に貼るだけで盛り上がります。

2 子どもたちは教室中を歩き回り、出会った友だちとジャンケンをします。

先生：自分以外の人、全員に質問してみよう。質問は「はい」「いいえ」で答えられるものだけだよ！

3 ジャンケンに勝った人から先に質問をします。

　　この動物は木に登れますか？

　　はい

> 「この動物は木に登れますか？」
> 「はい」

!ここがポイント
同じ人への質問を1回のみにすることで、たくさんの友達に質問できる。

4 動物がわかった子は、先生に背中を見せながら答えを言いましょう。

先生：動物がわかったら、先生に教えに来てね〜

：先生！　リス！

先生：正解！

「正解」「リス」

ベテラン教師のアドバイス

✔ 1のとき、紙を貼るだけで騒ぐ子もいるので、「ヒントになるようなことは言わないように」と注意しましょう。

✔ 食べ物や有名人、歴史上の人物などをお題にしても楽しいです。

✔ 修学旅行や遠足などの説明会の前や、ゲストティーチャーのお話を聞く前に行うのがおすすめ。このゲームの成果が表れて上手に質問できる子が増えるでしょう。

PART 4　背中の言葉当てゲーム

PART 4　子ども同士の交わりを育み班学習に役立つあそび⑪

スグでき！　「古今東西」のアレンジ版で記憶力を鍛える！

「古今東西」記憶力バージョン

おすすめの学年＞全学年　　人数＞4〜5人　　場所＞教室

あそびのねらい
お題に合った答えを次々と言っていく「古今東西」は定番ゲーム。しかし、自分の番までに出た答えも言わなければならないので、友だちの話をよく聞くようになります。もちろん記憶力もアップ！

用意するもの
● 特になし

導入のことばかけ
「これから古今東西記憶力バージョンというゲームをします。これはみんなの記憶力が試されます。記憶力に自信のない人も大丈夫。このゲームで記憶力がよくなるよ！」

●あそび方

1 先生はルールを説明し、お題を発表します。

先生：お題に合った答えを順に一人ずつ言っていきます。ただし、それまでに出た答えを順番通りに全部言ってからじゃないといけません。わかったかな？

はーい！

先生：お題は「魚」です

お題はさかなです！

ここがポイント
動物や学校にある物など、たくさん答えの出そうなものをお題に。

2 子どもたちは4〜5人でグループを作り、『古今東西』記憶力バージョン、スタート！

先生：途中で忘れちゃったり、答えにつまったらアウトだよ。時間は5分。では、始め！

サンマ！

サンマ、アジ！

サンマ

サンマ アジ

3 前の人の答えを忘れたり、答えにつまったり、お題と関係のないことを言ったらアウト。

　　サンマ、アジ、カ、カ…

　　アウトー！

先生　残念！　でも〇〇個、続いたね！

夢中にさせるコツ

失敗した子がくじけないように「〇〇個続いたね！」とできる限り声かけを。できた部分を褒めてあげましょう。

4 誰かがアウトになった場合は、同じお題で2回戦を行います。

先生　じゃあ、〇〇くんから2回戦、始め！

　　マグロ！

　　マグロ、タイ！

ベテラン教師のアドバイス

✔ 学活の時間や教科の時間の導入で行いましょう。

✔ たとえば国語なら、知っている作家名や部首名など、社会なら都道府県名、国名など。理科なら実験道具の名前など。授業の進度や学年に合わせたお題をいろいろ用意しておくと◎。

✔ 手拍子をしながらリズムを取ると、楽しい雰囲気になります。

PART 4　「古今東西」記憶力バージョン

PART 4　子ども同士の交わりを育み班学習に役立つあそび⑫

スグでき！ チームで協力し、支え合う心を育む

チーム対抗！　イス取りゲーム

おすすめの学年＞全学年　人数＞10～12人　場所＞教室

あそびのねらい
イス取りゲームというと、ふつうは個人戦。しかし、こちらはチーム対抗です。子どもたちはどうすれば勝てるかを相談し、自然と身体を支え合います。チームの結束を高めたいときにおすすめ。

用意するもの
● イス

導入のことばかけ
「これから、イス取りゲームをします。どれだけチーム内で協力し合えるかが勝敗のカギになります。少し危険もあるから、しっかりと相談し合ってやってみましょう」

●あそび方

1 5～6人でチームを作り、対戦する2チームがそれぞれ人数分のイスをくっつけて並べます。その上に、全員が立って乗ります。

先生：イスを減らされても大丈夫なように並べ方を工夫しよう。（並べ終わったら）チーム全員、イスの上に乗ってください。ここでもうフラフラしてたら負けちゃうよ

2 各チーム、ジャンケンをする順番を決めます。その後、先生が声をかけ、1番目同士がジャンケンをします。

先生：一人ずつ順番にジャンケンをして、負けたチームは一つずつイスを減らしていきます。さあ、誰からジャンケンをする？（順番が決まったら）では1人目から、ジャンケンポン！

3 負けたチームは、どのイスを取るかを決めて先生に取ってもらいます。
残っているイスに落ちないように立ち、
順番にジャンケンをしてイス取りを繰り返します。

ぎゅう ぎゅう

先生：さあ、どのイスを抜きますか？
これものちのち、勝負に響くよ！
みんなで相談して決めてください

先生：（イスを取り）落ちないように
支え合って〜！

みんな、落ちないようにもっとくっつこう！

ここがポイント ジャンケンやイスを抜く順番など、チーム内で相談するように促す。

4 体の一部が床にふれたら負け。バランスの安定しない
体勢の子が現れたら、優勢負けです。

あ〜、もう乗っていられない！

先生：あ〜、残念！ 落ちちゃった
ね。でも、よくがんばったね！

先生：（優勢負けの場合）残念だけど、
バランスが安定しないね。
勝負あり！

おちた！

夢中にさせるコツ

1回目はゲームの流れを理解させ、2回目を本番に。子どもたちは勝つ工夫をするようになり、さらに夢中になります。

ベテラン教師のアドバイス

✔ イスでは危険と判断した場合、イスの代わりに
 八切サイズの画用紙を並べて行うとよいでしょう。

✔ 身体がふれ合うゲームなので、高学年になると
 男女一緒のチームになるのを嫌がる子がいるかもしれません。
 そのときは男女別にして、男子VS女子で行っても盛り上がります。

PART 4 チーム対抗！ イス取りゲーム

PART 4　子ども同士の交わりを育み班学習に役立つあそび⑬

スグでき！　耳を澄ませて言葉を当てる！

聖徳太子に挑戦!

おすすめの学年＞全学年　人数＞5〜6人　場所＞教室

あそびのねらい
班対抗の言葉当てゲームです。出題する際は、どの言葉にするか、誰がどの文字を言うかを話し合う中で、コミュニケーションを育みます。解答する班は、耳を澄ませて集中力がアップ！

用意するもの
● 特になし

導入のことばかけ
「昔、聖徳太子という人は、十人もの人がいっぺんに別々のことをしゃべっても、みーんな分かっちゃったそうです。すごいよね！　今日はその聖徳太子に挑戦！」

●あそび方

1 子どもたちは6人くらいの班に分かれ、先生がルールを説明します。

> 先生：1班ずつ前に出て、ある言葉を一斉に言ってもらいます。ある言葉というのは、先生がこれから出すお題に合った言葉で、ひとり一文字ずつ分担します。他の班の子たちはよ〜く耳を澄ませて、なんの言葉を発したかを当てるゲームです。

ここがポイント　子どもたちが理解しづらければ、一度、例を見せるとよい。

2 お題をたとえば「くだもの」とします。班で、どのくだものにするか、誰がどの文字を言うかを話し合います。

> 先生：では、お題を「くだもの」にしましょう。各班、どのくだものにするか、誰がどの一文字を言うかを話し合ってください

> りんごにしない？

> いいね、そうしよう！
> じゃあ、私は"り"を言うね

> じゃあ僕は"ご"が
> いい！

3 ひと班ずつ順番に前に出て、「せーの」で言葉を言います。

先生: では1班から前に出て、言葉を言ってください

> せーの、り！

> せーの、ん！

> せーの、ご！

4 残りの班はくだものの名前を当てます。チャンスは3回まで。1回で当たったら3点、2目目なら2点、3回目なら1点とし、点数を競い合いましょう。

> 先生、アンコール！

先生: では1班のみんな、2回目をお願いします！

> せーの、り！
> （など3を繰り返します）

夢中にさせるコツ

アンコールを3回まで使えることにします。ただし、答えたい班があるかもしれないので、周りをよく見て判断を。

ベテラン教師のアドバイス

✔ お題を変えれば何度でもすぐにできるので、子どもたちの様子や学級の空気が気になるときに行いましょう。

✔ お題を決めずにノーヒントで行ったり、「6文字の言葉」などと限定して文字数を増やすと難易度がアップ。慣れてきたら、ぜひ試してみてください。

PART 4 聖徳太子に挑戦！

PART 4　子ども同士の交わりを育み班学習に役立つあそび⑭

スグでき!
子ども同士の交流を深めて集中力を高める

友だちの連想当てゲーム

おすすめの学年＞全学年　　人数＞4人　　場所＞教室

あそびのねらい
与えられたテーマの中で友だちが何を連想するかを当て合うゲーム。班内の交流が深まり、ふだん以上に友だちのことを考える機会となるでしょう。集中力が高まるので、授業の導入におすすめ。

用意するもの
● 紙
● 筆記用具

導入のことばかけ
「みんなはくだものといったら何を連想しますか？（子ども「バナナ！」）では、先生が何を連想しているかわかりますか？（子ども「う～ん」）このように、これから班の友だちが何を思い浮かべているか、予想するゲームをします」

●あそび方

1 子どもたちは4人グループに分かれ、先生が紙を配ります。

ここがポイント
5～6人で分けるとさぼる子が出る可能性があるため、4人に。

「動物です」

2 先生が1つずつテーマを読み上げます。

先生：「では、テーマを発表します。1つ目は「動物」です」

124

3 子どもたちは
友だちの書きそうな言葉を想像して、
1つ紙に書きます。
先生は子どもたちが書き終わったころに
2つ目のテーマを発表し、
計5つ読み上げます。

犬！
熊

先生　班の友だちが何を連想するか、よく考えてみよう

（動物かぁ。あ、この班みんな、犬を飼ってる！よし、犬にしよう！）

先生　じゃあ、2つ目のテーマを発表するよ〜。2つ目は「レストランのメニュー」です

夢中にさせるコツ
テーマはバラエティー豊富に。キャラクター、アニメなどを加えると、さらに子どもたちの興味を引きます。

4 答え合わせをします。
各テーマで同じものを想像した人数分、加点し、
合計得点の一番高い人が勝ちです。

動物は、犬が2人、ウサギが1人、クマが1人だね。
犬を書いた私は2点！

ベテラン教師のアドバイス

✔ 国語の授業なら「木へんの漢字」「くさかんむりの漢字」など
　算数の授業なら「立方体」「直方体」など、
　テーマは授業の内容に合わせて自由に考えてください。

✔ アレンジとして、同じものを想像するのではなく
　人と違うものを書いた人が得点できるというあそび方もあります。

PART 4　友だちの連想当てゲーム

PART 4　子ども同士の交わりを育み班学習に役立つあそび⑮

スグでき！　班の友だちとのコミュニケーションを促す

6つの絵を合体！

おすすめの学年＞全学年　人数＞6人　場所＞教室

あそびのねらい

班で1つの絵を完成させるお絵描きあそびです。先生が出すテーマに沿ったものを、分担して描くことがポイント。子どもたちは話し合いながら取り組む中で、友だちと自然に知り合うことができます。

用意するもの
- 画用紙
- サインペンなど

導入のことばかけ

「今日から新しい班になったね。さっそくゲームをしてあそびましょう。班のみんなで力を合わせて、一枚の絵を完成してもらいます。では、机をくっつけて〜」

●あそび方

1 子どもたちは6人グループを作ります。先生はテーマを提示します。たとえば動物、乗り物、食べ物など。

先生：テーマは、乗り物にします。さて、どんな乗り物を描くか、6人でどう分担するか、班の中で話し合ってください

2 子どもたちは、どんな絵を描くのか2〜3分相談します。

- 車にしようよ！
- いいね！
- 僕、後ろのタイヤを描きたい！

3 子どもたちはそれぞれ分担して、バラバラに絵を描きます。

先生：この班もいい感じだね〜

ここがポイント
先生は各班を回ってやる気が出るような声かけを。

4 描き終わったら6枚の絵を合体させて、1つの絵になっているかどうかを比べます。

先生：なかなか上手に描けたね！

わーい！

夢中にさせるコツ
各班の絵を黒板に掲示して、みんなで共有しましょう。子どもたちはおもしろがると同時に、達成感を味わいます。

PART 4 6つの絵を合体！

ベテラン教師のアドバイス

✓ 席替えや班替えのあとなど、子どもたちの交流を促したいときにおすすめのあそび。

✓ 先生は各班の話し合いを見守りながらリーダーシップを発揮する子、おとなしい子、柔軟な子など、各自の個性を観察しましょう。

PART 4　子ども同士の交わりを育み班学習に役立つあそび⑯

スグでき！ 班のコミュニケーション＆想像力をアップ！

お絵描きリレー

おすすめの学年＞全学年　人数＞4～6人　場所＞教室

あそびのねらい
班内で順番にペンを加えていき、1枚の絵を完成させます。お絵描きなので楽しくコミュニケーションがとれるでしょう。丸や三角などの図形をお題に与えることで、子どもたちの想像力も養います。

用意するもの
- 画用紙
- サインペンなど描くもの

導入のことばかけ
「みんな、リレーってわかる？　チームでバトンを繋いで走る競技だよね。今日はこれから、リレーでお絵描きをしたいと思います。班で席をかためて〜」

●あそび方

1 先生がある図形を提示します（△、〇、□など）。

先生：では、今日は三角にしましょう

2 子どもたちはどのような絵を描くか、3分間で話し合います。

先生：この三角から何を描くか、どんな風に描いていくかを、3分くらいで話し合ってください

△を屋根にして、家にする？

それ、ほかの班も描きそうじゃない？

じゃあ、逆さにして顔は？　ネズミとか！

いいね！

> **ここがポイント** 話し合いの進んでいない班があったら、先生が間に入ってフォローを。

3 1人目の子から描きはじめ、最後の子で描き終わるようにします。

先生: では、1人目の子から描きはじめてください。スタート！

じゃあ、私は胴を描くね

4 班ごとに描き終わった絵を披露し、ほかの班の子たちが何の絵かを当てます。

先生: では1班から、前に出て絵を見せてください

ネズミ！

当たりでーす！

夢中にさせるコツ
黒板にすべての絵を掲示し、挙手による多数決で1位を決めて競い合っても（自分の班以外の絵を選ぶこと）。

ベテラン教師のアドバイス

✔ 新学期の始まりや、席替えをしたときに行うと班の友だちと早く仲良くなれるでしょう。

✔ 1のとき、図形を描いたトランプぐらいの大きさのカードを、班の代表者に引かせて選ばせても盛り上がります。

✔ 応用として、一人1枚の紙を用意し、班の人数分の回数、紙を回してそれぞれに描いても楽しいです。

PART 4 お絵描きリレー

PART 4　子ども同士の交わりを育み班学習に役立つあそび⑰

スグでき！ 想像力＆質問力を鍛えるあそび

TWENTY QUESTIONS

| おすすめの学年＞全学年 | 人数＞2人 | 場所＞教室 |

あそびのねらい
ペアの子が描いた絵を、20個の質問の答えから推理するあそび。子どもたちは短い時間の中で想像力を働かせながら質問しなければなりません。よどみなく質問できるようになれば、会話力もアップ！

用意するもの
- 紙
- サインペンなど

導入のことばかけ
「これから『TWENTY QUESTIONS』をしましょう。TWENTY QUESTIONSとは、20個の質問という意味です。20個ってけっこうすごいよね？
でも楽しいゲームだから、みんなでやってみましょう。隣の席の子とペアになって〜」

●あそび方

1 先生が紙を配り、テーマを出します。

先生：「それでは、紙に「好きなくだものの絵」を描いてください。お互い、隣の子の絵を見ないようにね。時間は3分です」

すきなくだものです

2 子どもたちはそれぞれテーマに沿った絵を描きます。

ここがポイント
最初はくだもの、動物、植物など絵を描きやすいテーマに。

3 ジャンケンをして、勝った子から質問します。
負けた子はYESまたはNOで答えます。

甘いですか？ Yes!

先生: ではジャンケンをして先攻・後攻を決めてください

先生: ジャンケンポン！

先生: 勝った子から相手に20個の質問をして、その子が何のくだものを描いたかを当てます。負けた子は、質問にYESかNOで答えてね

そのくだものは甘いですか？　　YES！

4 20個の質問が終わったら、答えを当てます。
その後、交代します。

先生: では、答えを当ててみましょう。3回までだから、慎重にね！

バナナ…？

当たり！

夢中にさせるコツ
3回しか答えられないなどと制約をつけると、
子どもたちは必死になって当てようとするでしょう。

ベテラン教師のアドバイス

✔ ペアやテーマを替えると、飽きることなくいつでもあそべます。
慣れてきたら隙間の時間を使っても十分、楽しめるでしょう。

✔ 同じく慣れてきたら、20個の質問をしている途中でも
答えがわかったら当てていいことにしても。
その際は、少ない質問数で答えを当てられたほうが勝ちです。

PART 4　TWENTY QUESTIONS

PART 4　子ども同士の交わりを育み班学習に役立つあそび⑱

スグでき！　知識を共有でき、チームワークを高める

知識のかけらを集めよう

おすすめの学年＞中・高学年　　人数＞4〜6人　　場所＞教室

あそびのねらい
お題に合った言葉を書き出し、班対抗で数を競うゲーム。相談したり知識をもち寄る中で、友だちの新たな一面を知ることも。さまざまな教科やジャンルのお題を出すと、活躍できる子が増えます。

用意するもの
- 紙
- 筆記用具
- お題

導入のことばかけ
「これから班対抗のゲームをします。テーマに合った言葉を、いくつ書き出せるか。班で協力し合わなければ勝てないゲームです。では、さっそく席をかためて〜」

●あそび方●●●●●●●

1 先生がお題を4つ出します。

先生：「これからお題を4つ出します。お題は、給食のメニュー、学校の先生の名前、楽器の名前、外国の国名、です」

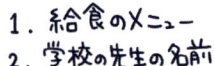

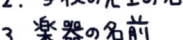

1. 給食のメニュー
2. 学校の先生の名前
3. 楽器の名前
4. 外国の国名

ここがポイント　お題は学年に合わせて。簡単なもの、易しいものを織り交ぜると◎。

2 子どもたちはどのように進めるか、役割分担などを話し合います。時間は3分。

先生：「まずは3分間、どのように書き出していくかを班で話し合ってください」

「僕、給食のメニューなら得意！」

「先生の名前だったらけっこうわかるかも」

3 先生が紙を4枚配り、子どもたちはお題に沿った言葉を用紙に記入していきます。時間は10分程度。

先生：用紙1枚につき、お題1つの言葉を書き出していってね。時間は10分です。では、よーい、スタート！

夢中にさせるコツ
先生が「あ、それもあったね！」と声をかけると、さらに意欲的に。ほかの班の闘争心にも火がつきます。

4 班ごとに読み上げて答え合わせをします。

先生：では、答え合わせをしましょう。1班は「給食のメニュー」を読み上げてください。他の班のみんなは、自分たちの書いたものが読まれたらチェックしてね

焼きそば、カレーライス…

先生：はい、ありがとう。1班が書いたもの以外に、まだあるよっていう班は手を挙げて

はい！ 豚汁です！

先生：豚汁もあるね。もう、ないかな？では、次のお題の答え合わせをしましょう。（すべて終わったら）書き出した数を全部足してね。数の大きい班の勝ちです！

ベテラン教師のアドバイス

✔ お題は、くだものの名前、魚の名前、サッカー選手の名前、高学年の場合、駅名、都道府県の名前、歴史上の人物名なども。お題を替えて行うたびに、子どもたちは新鮮な発見があるでしょう。

✔ ゲーム終了後、時間があれば子どもたちに感想を聞いてみても。意外なヒーローやマニアックな博士が誕生するかもしれません。

PART 4 知識のかけらを集めよう

PART 4　子ども同士の交わりを育み班学習に役立つあそび⑲

スグでき！　先生と子どもたちの関わりが密になる

「ノアの箱舟」でペアづくり！

おすすめの学年＞低・中学年　　人数＞全員　　場所＞教室

あそびのねらい
「ノアの箱舟」の物語を基にしたあそびです。物語を聞かせてから始めることで、先生主導のあそびになり、子どもたちと密に関わるきっかけに。子ども同士の交流も深まります。

用意するもの
● カード（10×15cm程度）を人数分

導入のことばかけ
「みんな、洪水って知ってる？　雨がたくさん降って、辺りが水びたしになってしまうことだよね。何千年も前の話だけど、なんと！　山のてっぺんまで水が届いてしまうくらいの信じられない大洪水が起きたんです（ノアの箱舟の話を続ける）」

●あそび方

1 先生は人数の半数分の動物を考えて、カードがペアになるように2枚ずつ記入しておきます。

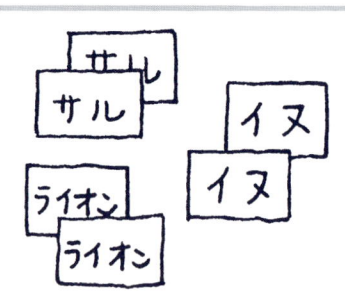

2 カードをシャッフルして子どもたちに配ります。子どもたちは動物の名前を確認後、先生に返します。

先生：これからみんなに、それぞれの動物の姿や鳴き声、動作などのマネをして、同じ動物の子を探してもらいます。言葉を使うのはナシだよ

ここがポイント　ルール説明の前に「ノアの箱舟」の物語を簡単に聞かせる。

3 ここでゲームスタート！　子どもたちはペアの相手を探します。

がおーっ！

うきっ！

先生：わかりやすくジェスチャーをすると、ペアの子に見つけてもらえるよ！　ひと目でわかる特徴はないかな？

スタート！
ウキー!!
ガオー!!

夢中にさせるコツ

先生の声かけで子どもたちの鳴き声やジェスチャーが大きくなり、さらに盛り上がるでしょう。

4 ペアを見つけた子から先生のところへ報告しに行きます。

ワンワン！　先生、ぼくたちはイヌです

ワン！ワン！

先生：よく見つけられたね！

ベテラン教師のアドバイス

✓「二人組を作りましょう！」といわれて恥ずかしがる子も、動物の役を与えることで、楽しくペアが作れます。

✓ 人数が奇数の場合は、一つの動物のみカードを3枚用意。または、先生が参加すると子どもたちも喜びます。

PART 4　「ノアの箱舟」でペアづくり！

〇月×日　日直

子どもとあそび 〜高学年〜

中学生の自分をイメージし夢を膨らませる機会に

　子どもの成長は本当に早いもの。ついこの間、入学して、ランドセルの方が大きかったような子どもたちがあっという間に高学年になります。高学年は、思春期の入り口。個人差や学級の雰囲気によっても異なりますが、あそびの中でも男女のスキンシップを嫌がったり、恥ずかしがったりする子もでてくるでしょう。そんなときは同性同士のペアやチームにして、男女対抗にしても。子どもたちの様子を見て配慮し、さらに男女の違いを認め合えるようなあそびも取り入れていきましょう。

　また、高学年になると、社会についても理解するようになります。社会にはいろいろな役割があり、それで社会が成り立っているということ。その役割の大切さや働くことの意義、苦労もわかってきます。あそびの中でもお題を職業にするなどして、子どもたちがより関心をもてる機会を作ってあげるといいですね。子どもたちは自分の夢をどんどん膨らませ、「夢のために今、何をすべきか？」を考えて努力する子もでてくるでしょう。

　反対に、まだ夢がない、将来、何をしたいかよくわからないという子もいます。それはそれでよしとして、あそびを通じて、近い将来のことを考える機会を与えてあげましょう。とくに6年生は、あと1年足らずで中学生。先生について知ることのできるあそびで、先生の中学時代のことをクイズにしたり、どんな中学生でどんなことに夢中になっていたかなどのエピソードを聞かせてあげてください。子どもたちは、自分は何部に入りたいか、どんなことにチャレンジしたいかなどを考え、やがて訪れる中学校生活が楽しみになると思います。それが活力となり、残りの小学校生活をさらに元気にのびのびと過ごしてくれるといいですね。

PART 5

集中orリフレッシュを促し授業に役立つあそび

PART 5 集中orリフレッシュを促し授業に役立つあそび①

スグでき！ 隠れている漢字を見つけ出すあそび

「東」の中に漢字がいくつ？

おすすめの学年＞全学年　人数＞全員　場所＞教室

あそびの ねらい

漢字の中に、漢字が隠れている。ふだんはほとんど意識していないと思いますが、このあそびを通じて、たとえば「草」は［くさかんむり］＋早という見方をするように。漢字への興味が強まり、定着します。

用意するもの
- ノート
- 筆記用具

導入のことばかけ

「漢字というものは、よ〜く見ると、漢字がいっぱい隠れていることがあります。今日はみんなで、ある漢字の中でかくれんぼをしている漢字を見つけたいと思います」

●あそび方

1 黒板に大きく「東」と書きます。

先生：東の中に、漢字をいくつ発見できるかな？

う〜ん…

先生：たとえば、一。一画目に漢数字の一が隠れてるよね？

本当だ！

2 最初は個人で考えさせます。

先生：このように、まずは一人一人で考えて、ノートに書き出してください

ここがポイント　これほど「東」を凝視したのは初めて。まずはじっくりと向き合わせる。

3 しばらくしたら、隣の席の子とペアになって一緒に考えます。

先生: では、隣の子とペアになって、相談しながら一緒に探してみましょう

女の子: あ、本当だ。日があるね！

女の子: うん！ もっと探そう！

> **夢中にさせるコツ**
> 相談相手ができると盛り上がります。ぎくしゃくしているペアがいたら声をかけてフォローしましょう。

4 子どもたちは挙手して発表していき、先生が板書します。古・木・十・出・吉・束など。

先生: では、見つけた人は発表してください

女の子: はーい！ 木！

先生: よく見つけたね！ ほかに見つけた子はいるかな？

ベテラン教師のアドバイス

- ✓ 漢字の学習をする前や、席替え・グループ替えをしたあとに行うとよいでしょう。
- ✓ 3のときに子ども同士で相談することで、協力する姿勢も自然と芽生えていきます。ペアではなくグループになってもOK。
- ✓ 東の他、「識」や「奮」にも漢字がいっぱい隠れています。ぜひ、子どもたちと見つけてみてください。

PART 5 「東」の中に漢字がいくつ？

PART 5　集中orリフレッシュを促し授業に役立つあそび②

スグでき！　たし算＆引き算を拍手でトレーニング

拍手であそぼ!

おすすめの学年＞低学年　　人数＞全員　　場所＞教室

あそびのねらい

1年生でたし算、引き算を学習するときにおすすめのゲームです。みんなで大きく一斉に拍手をすることで、教室は楽しくにぎやかに。リズムがそろえば、子どもたちの一体感も生まれます。

用意するもの
- 特になし

導入のことばかけ

「これから拍手を使ったゲームをします。先生の声にパッと反応して手をたたいてもらいます。ついてこられるかな？　まずは練習してみましょう。みんな、立って～」

●あそび方

1 拍手のウォーミングアップをします。

先生：拍手を1回してください

先生：次は3回してください

拍手を1回して下さい！

2 できるだけ速く拍手をします。

先生：では次は、先生が言った数だけ、めいっぱい速く拍手してください。いくよ！

先生：2つ！　　先生：5つ！

2つ！

！ここがポイント

先生もなるべく速く、強く言う。
はっきりと聞こえるように。

3 先生が言った数より1回多く、拍手をします。

先生: では次は、先生が言った数より1回多く、拍手をしてね。たとえば3つなら、4回。これもめいっぱい速くだよ。いくよ！

先生: 2つ！

先生: 4つ！

> **夢中にさせるコツ**
>
> 数を言うテンポを速くすると、子どもたちは必死についてきます。時折、言うふりをしてフェイントをかけても。

4 先生が言った数より1回少なく、拍手をします。

先生: 次は、先生が言った数より1回少なく、拍手をしてね。たとえば4つなら、3回。これもめいっぱい速くだよ。いくよ！

先生: 5つ！　　**先生**: 3つ！

先生: 1つ！

子: え！

先生: 今回はこれでおしまいです。みんな、上手にできたね。最後にふつうに拍手！

ベテラン教師のアドバイス

- ✓ 4のとき、「1つ！」で子どもたちはびっくりするはず。ひっかかって拍手をしてしまう子がいても笑いが起こって楽しくしめくくれるでしょう。
- ✓ 時折、班ごとに挑戦する形式をとってもいいですね。人数が少なくなる分、各自に緊張感が生まれます。

PART 5　拍手であそぼ！

PART 5　集中orリフレッシュを促し授業に役立つあそび③

スグでき！ リラックスして落ち着きを取り戻せるあそび

1分間のクイック料理を召し上がれ！

おすすめの学年＞低・中学年　　人数＞全員　　場所＞教室

あそびのねらい

静かに目を閉じて1分間の時の流れを計るゲーム。夏休み明けなど、子どもたちの元気があり余っているときに落ち着かせることができます。意外に1分は長いという時間の感覚も体感できます。

用意するもの
- 特になし

導入のことばかけ

「みんなは蒸しケーキって好き？　ふかふかしていておいしいよね。あれね、電子レンジで1分で作れるんだって。今日は先生がエア蒸しケーキをごちそうしましょう！」

●あそび方

1 先生がルールを説明します。

> 先生（先生が「よーい、スタート」と言ったら、みんなは電子レンジの中の蒸しケーキを想像してください。目はずっと閉じたままだよ。1分経って「できた！」と思ったら、静かに手を挙げて、先生に教えてね）

2 子どもたちは目を閉じてスタンバイし、先生のかけ声でスタート！

> 先生（では全員、立って、目を閉じてください。よーい、スタート！）

ここがポイント

全員、目を閉じて静かになったことを確認してからスタートする。

3 子どもたちは心の中で1分を数えます。
1分未満で挙手した子には、着席を促します。

先生：まだ蒸しケーキはでき上がってないよ。着席して待っていてね

（45、46…）
（まだ早い？）
（早かった～）
座る

4 1分後、ゲーム終了。
ぴったり1分で挙手した子を褒めてあげます。

先生：すごい！ 〇〇ちゃんは、ぴったり1分だったね。はい、全員目を開けて～

難しかった～

先生：本当なら〇〇ちゃん以外はおいしい蒸しケーキを食べられないところですが、電子レンジは賢いので、ちょうど1分で止まってくれます。では、みんなでエア蒸しケーキを食べましょう！

いただきまーす！

すごーい！
ぴったり 1分!!

夢中にさせるコツ
ちょうど1分の子は名指しで褒めて。おいしそうに食べるジェスチャーをしている子も褒めてあげると喜びます。

ベテラン教師のアドバイス
✓ メニューは先生が自由に決めてもOK。
夏ならかき氷器で作るかき氷、冬なら雑煮や焼き餅など、季節感のあるメニューにすると想像しやすいですね。
その場合、最後に食べるジェスチャーをするとき、
1分未満の子はかき氷が少ない、1分以上の子は溶けてきたなど、おいしく食べられない設定にしたほうが盛り上がるでしょう。

PART 5　1分間のクイック料理を召し上がれ！

〇月×日　日直

PART 5　集中orリフレッシュを促し授業に役立つあそび④

スグでき！

大きなかけ算に挑戦して感動を得る

不思議な計算ピラミッド

おすすめの学年＞中・高学年　　人数＞全員　　場所＞教室

あそびのねらい
数がきれいに並ぶ計算をして、子どもたちの好奇心を刺激します。算数が嫌いな子や苦手な子も興味をもてるようになるといいですね。班ごとに計算させることでコミュニケーションも促します。

用意するもの
- ノート
- 筆記用具

導入のことばかけ
「今日はこれから、かけ算のまとめをしたいと思います。ちょっとおもしろい計算をしてみませんか？」

●あそび方

1 子どもたちは班で席をかためます。

2 先生は計算式を板書し、班ごとに1問ずつ計算させます。

先生：（たとえば6つの班とすると）1班は、9876×9＋4。2班は、98×9＋6。3班は、9×9＋7。4班は、987×9＋5。5班は、987654×9＋2。6班は、98765×9＋3。一人ずつ計算して、班の中で答えを確認してください。答えは大きな声で言わないでね

1班は9876×9＋4
1班　9876×9＋4

ここがポイント　最後に驚かせるために、答えをほかの班の子に知られないように。

3 班ごとに答えを発表してもらい、先生は板書します。

9876×9+4=

先生:「では1班から、答えを言ってください」

88888

「88888です」

4 先生がすべて板書すると、ピラミッドの完成！

$9 \times 9 + 7 = 88$
$98 \times 9 + 6 = 888$
$987 \times 9 + 5 = 8888$
$9876 \times 9 + 4 = 88888$
$98765 \times 9 + 3 = 888888$
$987654 \times 9 + 2 = 8888888$

「なにこれ〜!?」

「すごーい！」

夢中にさせるコツ

なるべくきれいな形のピラミッドになるように板書してください。子どもたちの目が釘付けになること間違いナシ！

ベテラン教師のアドバイス

✔ 子どもたちの中には、大きなかけ算を前にしり込みしてしまう子も。先生は班を見回りながら、あせらず丁寧にチャレンジさせてください。そこを乗り越えれば、ピラミッドが完成したときの感動はひとしおです。

✔ ほか、$1 \times 1 = 1$、$11 \times 11 = 121$、$111 \times 111 = 12321$ など数が並ぶ計算はいくつかあるので、調べてみるとよいでしょう。

PART 5 不思議な計算ピラミッド

PART 5 集中orリフレッシュを促し授業に役立つあそび⑤

スグでき！ くり上がりのあるたし算に強くなる！

10の補数ゲーム

おすすめの学年＞低学年　人数＞5人　場所＞教室

あそびのねらい

10の補数の組み合わせを覚えられるトランプゲーム。1年生にとって難しいくり上がりのあるたし算の正答率がアップします。その学習を行う2週間くらい前からしばらく続けると効果的です。

用意するもの
- トランプ（1〜10の数字のみ）

導入のことばかけ

「これからババ抜きをします。ただし、いつものババ抜きとは違います。いつもは同じ数字のカードがそろうと場に出せますが、今日は「4と6」、「1と9」など合わせて10になるカードがそろうと場に出せます。さあ、だれが勝つことができるかな？」

●あそび方

1 子どもたちは班ごとに席をかためます。1から10までのトランプから1枚だけ先生が抜き、子どもたちに配ります。

夢中にさせるコツ

カードを配る前に「3といくつで10になる？」などと何回か練習すると、子どもたちはさらにやる気を出します。

2 子どもたちはカードを見て、合計10になるカードを場に出します。

先生：まずはカードを見て、合計10になるペアがあったら場に出してね

合計が10

3 ジャンケンに勝った子から、時計回りに隣の子のトランプを引きます。
合計10になるカードがあれば、場に出します。

> やった！ 3と7で10だ！

4 カードが一番早くなくなった人が勝ちです。

先生
> 今回は、〇〇ちゃんが一番だったね。おめでとう！ みんなはまた明日、リベンジだね！

!ここがポイント
負けた子がくじけないように、次回に望みをもたせるコメントでしめる。

やったー！

ベテラン教師のアドバイス

- ✓ 授業の冒頭に5分くらい行うとウォームアップになります。
  たし算の計算に対して、熱心に取り組むように。

- ✓ 算数が苦手な子のおうちの方に、
  親子で遊んでもらうように頼んでもよいでしょう。
  家庭学習に意欲的になり、親子あそびのよいネタになります。

- ✓ トランプの「神経衰弱」の要領であそぶこともできます。
  その際は、2枚引いたカードが合計10なら手元に置けるルールに。

PART 5　10の補数ゲーム

PART 5　集中orリフレッシュを促し授業に役立つあそび⑥

スグでき！　長さや大きさの感覚を養うあそび

これが何センチかわかるかな？

おすすめの学年＞全学年　　人数＞全員　　場所＞教室

あそびのねらい

いろいろな物の長さを予想して当てるあそびです。5分程度で行えるので、算数の授業で長さを学習しているときの導入に。回数を重ねるにつれて、長さや大きさの感覚が高まっていきます。

用意するもの
- 定規
- メジャー
- ノート
- 筆記用具

導入のことばかけ

（黒板に適当な長さの直線を書く）「これが何cmかわかりますか？　定規がないと難しいかな？　今日はいろいろな物の長さを当てるゲームをしましょう」

●あそび方

1 先生が4つの物を指定し、板書します。

先生：（木のぼうを持ち）この木のぼうの長さ、黒板と教卓の横の長さ、（ペンを持ち）このペンの長さを予想してノートに書いてください

・木のぼうの長さ
・黒板の横の長さ
・教卓の横の長さ
・先生のペンの長さ

ここがポイント　1問目は脱落者が出にくい問題にし、少しずつ難易度を上げる。

2 子どもたちはノートに書きこみ、全員、起立します。

先生：書けた子から起立して〜

夢中にさせるコツ

なかなか予想できない子や、2回目以降で正解できない子がいたら、目安になる長さを示すとやる気が出ます。

3 先生が1つずつ測定していきます。測定値の±5cmの範囲なら正解。不正解の子は着席します。

先生: では測りましょう。この木のぼうは30cm！ ±5cm以内なら正解です

やったー！

先生: 不正解の子は残念！ 着席してね

4 すべて正解して残った子に、みんなで拍手を贈ります。

先生: 最後まで残ったのは、○○くん、一人だね

すごーい！

先生: みんな、拍手！

ベテラン教師のアドバイス

✔ 重さ（3年生以上）、面積、角度（ともに4年生以上）、体積（5年生以上）でも応用できるゲーム。
中学年以上の場合は、いろいろ織り交ぜるとバラエティが出ます。

✔ とくに角度の学習では、120°か60°など
分度器の読み間違えが減って有効です。

PART 5　これが何センチかわかるかな？

○月×日　日直

PART 5　集中orリフレッシュを促し授業に役立つあそび⑦

スグでき！　休み時間と授業のめりはりをつける！

油断厳禁！ 音読ゲーム

おすすめの学年＞中学年　　人数＞全員　　場所＞教室

あそびのねらい
チャイムが鳴っても、子どもたちの授業の準備ができていないときや、落ち着きのないときに有効。ふだん、朗読が苦手な子も、あそびにすると夢中になって楽しく取り組めるでしょう。

用意するもの
● 特になし

導入のことばかけ
なし。いきなり教科書を開いて指示します。

●あそび方

1 先生がいきなり教科書のページ・行を指示します。

先生：教科書の25ページ、4行目から。早く見つけた子から、起立して読んで〜

（教科書25ページ 4行目から〜）

2 子どもたちが指示された場所を探し始めます。

わっ〜！　教科書、出してなかった！

25ページ、25ページ…

3 見つけた子から起立して読み始めます。

（子）お父さんが子どもに（と読み始める）

先生：〇〇ちゃん、1番だね！

（吹き出し）お父さんお父さん…／お父さんが子供に…

> **夢中にさせるコツ**
> 順位を競うゲームではありませんが、早く見つけた子は褒めてあげましょう。ほかの子たちのやる気が出ます。

4 全員、起立して、声を合わせて朗読できたらおしまい。

先生：はい、みんな、よく読めました！

（吹き出し）みんなで楽しく…

ここがポイント 子どもたちの声がバラバラでそろっていないときは、先生も音読を。

ベテラン教師のアドバイス

✓ 最後に一斉に朗読することで気持ちが一つにまとまり、スムーズに授業に進めます。

✓ 国語や社会など応用できる授業でどんどん試してください。子どもたちはいつゲームが行われるかわからず、きちんと準備をしておくようになるでしょう。授業の準備ができていない子を注意するより効果的かもしれません。

PART 5　油断厳禁！　音読ゲーム

PART 5 集中orリフレッシュを促し授業に役立つあそび⑧

スグでき！ 想像力を刺激し、親子の会話を促す

みかんを縦に切ってみる

おすすめの学年＞高学年　人数＞全員　場所＞教室・自宅

あそびの ねらい
みかんを包丁で縦に切ったら、断面はどんな形になるのか。子どもたちの想像力を存分に刺激する実験あそびです。授業参観で行うと、親子で一緒に考えて、帰宅後、スムーズに取り組めます。

用意するもの
●みかん（なければOK）

導入のことばかけ
「突然ですが、みかんが好きな人、手を挙げて〜。おー、いっぱいいるね。ジャジャーン！（とみかんを出す）ではこれから、みかんについての問題を出します」

●あそび方

1 みかんを見せ、横に輪切りにしたときの断面について説明します。

先生：みかんのちょうど真ん中を包丁で切ると、切ったところはどんな形になるでしょう？ちょっと想像してみて

先生：（黒板に絵を描き）こうですね

2 みかんを縦に切ったら、断面はどうなるかを聞きます。

先生：では、みかんの中心から少し横を縦に切ったら、どんな形になるでしょう？

3 黒板に3つの断面を描き、三択にして考えさせます。

先生：1番、直線。2番、曲線。3番は、中心のほうが幅の狭くなっている直線。どれだと思う？ お母さんたちも考えてみてください

2番？ 3番じゃない？

先生：難しいよね？ そうしたら、おうちにみかんがある人は、今日帰ってからおうちの人に切ってもらってください

はーい！

先生：結果は家に帰ってからのお楽しみです！ 明日、感想を聞かせてね

夢中にさせるコツ
その場で包丁で切らず、宿題にして親子のコミュニケーションを促します。帰宅が楽しみになるような声かけを。

4 子どもたちは家に帰って、保護者と一緒にみかんを切って確認します。
翌日、子どもたちから実験結果を聞きます。

ここがポイント
包丁を扱うのは危険なので、必ず保護者が切るように指導すること。

ベテラン教師のアドバイス

✔ 正解は③の「中心のほうが幅の狭い直線」になります。先生も一度、切って試してみてください。

✔ 算数や理科の授業の一環として授業参観日に行うのが◎。

✔ 3のとき、切り口の予想に十分に時間をとり、子どもたちなりの仮説を立ててから切ることが大切です。

○月×日 日直

PART 5 みかんを縦に切ってみる

PART 5 集中orリフレッシュを促し授業に役立つあそび⑨

スグでき！ テンポよくたし算を練習できるゲーム

あわせて10

おすすめの学年＞低学年　人数＞全員　場所＞教室

あそびのねらい
10の補数を瞬間的に導くことで、繰り上がりのあるたし算や、繰り下がりのある引き算がスムーズにできるようになります。ゲームで行うと、子どもたちも自主的に楽しんで練習するようになります。

用意するもの
● 特になし

導入のことばかけ
「3＋7は何になりますか？ 〇〇さん（と指名する）。そう、10だね。今日はこれから、『あわせて10』というゲームをします。先生の手をよく見ていてね」

●あそび方

1 先生がパン、パンと2回手をたたき、両手でVサインをします。

先生：これがいくつかわかるかな？
（子）：4！
先生：おぉ、すごいね！

2 先生がパン、パンと2回手をたたき、両手を使って8を出します。

先生：次はちょっと難しいよ。（8を出す）
（子）：8！ カンタンだよ〜
先生：みんな、すごいなぁ！ 全員合格！

ここがポイント
1と2のときにしっかり褒（ほ）めて、あとのゲームに興味を引っ張る。

3 先生が出した数と合わせて10になるように、子どもたちが続いて出します。

先生：先生が出した数に何を足したら10になるか、みんなもパンパンと手をたたいてから、指で表してね。ちょっと練習してみよう

先生：パン、パン、（6）

先生：パン、パン、（4）

先生：（何回か繰り返して）そうそう！じゃあ、本番いくよ！

3 何回か続けた後、突然、先生が10を出します。ここで10（パー）と0（グー）の取り決めをしましょう。

子ども：え！

先生：10に何を足したら、10になるかな？　わかる人！

子ども：ゼロ！

先生：正解。じゃあ10のときは、両手でグーを出すことにしましょう。いいかな？

子ども：はーい！

ベテラン教師のアドバイス

✔ 先生は1〜9までまんべんなく、クセのないように出題しつつ、10（パー）と0（グー）も織り交ぜていきましょう。子どもたちにとっては息抜きになり、安心してゲームを続けられます。

✔ 全員がリズミカルにできるようになったら、「今日は、手をたたくのを1回にしてみようか。ちょっと難しくなるよ」などと声をかけて1回に。子どもたちは夢中になって挑戦するでしょう。

PART 5　集中orリフレッシュを促す授業に役立つあそび⑩

スグでき！　ヒントから連想して用語を覚える

スリーヒントクイズ

おすすめの学年＞全学年　人数＞2人以上　場所＞教室

あそびのねらい
3つのヒントを総合的に判断して答えを導き出すクイズです。とくに社会科や理科など、用語のまとめを行うときに効果的。隣の席の子やグループの子と、学習しながら交流を深められます。

用意するもの
● ノート
● 筆記用具

導入のことばかけ

「これから『スリーヒントクイズ』で社会科の復習をしましょう。3つのヒントをもとに、答えを探し当てるクイズです。では、隣の席の子と向かい合ってください」

●あそび方

1 先生は学習内容に合わせてクイズのテーマを決めます。たとえば「歴史上の人物」など。

先生：今回のテーマは「歴史上の人物」にします

> 歴史上の人物！

!ここがポイント　先生が出題者となって3つのヒントを出し、練習してもよい。

2 子どもたちはテーマに合わせて出題する問題を一つ選び、3つのヒントを考えます。ノートに書き出しておいてもOK。

先生：それぞれ、ペアの子に当ててもらう歴史上の人物を考えてください

子：（豊臣秀吉にしよう）

先生：考えたら、その人物がどんな人か、何時代の人で、どんなことをしたかなど、特徴を3つ考えてください。これがヒントになります

3 最初に出題する子は、順番を考えながら一つずつヒントを出します。

先生:「では、右側の子が先に出題者になって、ヒントを一つずつ出してください。左側の子はヒントを手掛かりに答えてね。では、始め！」

- 愛知県出身です
- うーん
- あだ名は"サル"です
- あ！ 誰だっけ…

4 解答する子が当たったら、または降参したら正解を教えてもらい、出題者と解答者が入れ替わります。

- 最後、3つ目のヒントだよ。大坂城をつくりました
- わかった！豊臣秀吉だ！
- 正解！

夢中にさせるコツ
慣れてきたら4〜5人グループで、1人が出題者、残りが解答者に。早い者勝ちにしても盛り上がります。

ベテラン教師のアドバイス
- ✔ ヒントは難しいものから順番に出していくことがポイントです。
- ✔ ヒントを出すコツがつかめてきたら、グループ対抗戦にしてみましょう。1チームが前に出て出題し、解答グループは相談して答えを紙に書きます。当たったら1ポイントにして競い合うと盛り上がります。

PART 5 スリーヒントクイズ

PART 5　集中orリフレッシュを促し授業に役立つあそび⑪

スグでき！　**先生の話に集中して学習内容を定着させる**

ダウト！

おすすめの学年＞全学年　　人数＞全員　　場所＞教室

あそびのねらい
先生が教科書をわざと間違えて音読し、子どもたちに指摘させます。子どもたちは間違いを探そうと躍起になり、集中して耳を傾けるように。その姿勢が学習の内容を理解することに繋がります。

用意するもの
● 教科書

導入のことばかけ

「みんな、『ダウト』の意味って知ってる？　疑う、疑いをもつ、疑惑という意味です。これから先生が教科書の同じ範囲を2回読みます。2回目はわざと間違えるから、『あれ、間違ってる？』と疑いをもったら、『ダウト！』と挙手してください」

●あそび方

1 先生が教科書の物語や説明文を読みます。

先生:「では、これから読みます。よく聞いていてくださいね」

子ども:「はーい！」

先生:「ある日、お母さんが…」

（吹き出し）ある日、お母さんがリンゴとトマトと…

2 1と同じ物語を、わざと間違えながら読みます。

先生:「では、2回目を読みます」

先生:「ある日、ママが…」

（吹き出し）ある日、ママがリンゴとイチゴと…

❗ここがポイント
読み間違えるのは固有名詞や数字、登場人物、オノマトペがよい。

3 間違いに気付いた子は「ダウト！」と言いながら挙手します。

- ダウト！
- ダウト！
- ダウト！

夢中にさせるコツ

いつも正しいはずの先生のミスは、新鮮でうれしいもの。一斉に手が挙がるので、まんべんなく当てましょう。

4 先生に指名された子が正しい答えを発表します。

- 先生：では、〇〇くん
- はい。ママじゃなくて、お母さんです
- 先生：当たり！

ベテラン教師のアドバイス

✔ 一文ずつ頭に入れて、子どもたちを見ながら読みましょう。教室の端に立つと、全員を視野に入れやすくなります。

✔ 国語の物語だけでなく、説明文や、社会科、理科の教科書で行うのもおもしろいです。学習した知識の確認ができるようになります。

PART 5　ダウト！

PART 5　集中orリフレッシュを促し授業に役立つあそび⑫

スグでき！　新しい言葉を知って語彙(ごい)を増やすあそび

ひらがなであそぼう！

おすすめの学年＞低学年　　人数＞全員　　場所＞教室

あそびのねらい
ひらがなを書いたカードを使い、友だち同士で言葉を作るあそび。子どもたちはたくさんの言葉を思い出しながら取り組み、友だちに教えてもらうことによって新しい言葉を知り、語彙が増えます。

用意するもの
● ひらがなを書いたカード（予備を含めて多めに）

導入のことばかけ

「さて、なぞなぞです。「い」で始まる3文字の食べ物は？　そう「いちご」です。では「い」のつく3文字の言葉は？　いんこ、めいろ、たくさんありますね。今日は友だちと力を合わせて、いろいろな言葉を作るゲームをやってみましょう」

●あそび方

1 全員に1文字ずつ、先生があらかじめ作成しておいた「ひらがなのカード」を配ります。

！ここがポイント
ひらがなのカードは、何度でも使えるように厚紙で作るとよい。

2 先生が文字数を提示したら、スタート！

先生：今日は3文字にしましょう。言葉を作るために、友だちを探してね

160

3 子どもたちは言葉ができたら
グループになって座り、
全員に発表します。

> あ、「す」の子がいた！

> 「あいす」だ！ いいね！

4 言葉ができなかった子は自分の文字を発表して、全員で相手を探します。

> 「み」です

> 「れ」です

先生
> みんな、何か言葉は
> できるかな？

> あと「す」があれば「すみれ」に
> なるけど、私たちが使ってるもんね

先生
> じゃあ、お助けカードを出しましょう！
> ジャン！（と「す」のカードを出す）

夢中にさせるコツ

全員が言葉を作れるように予備のカードを用意。"お助けカード"をジャンと出せば、子どもたちも大喜び！

ベテラン教師のアドバイス

✔ 毎回、できる言葉や相手が変わるため、毎日行っても飽きません。
国語の授業の導入などで繰り返し行うとよいでしょう。

✔ 子どもたちが言葉探しに慣れてきたら、
テーマを決めたり文字数を増やしたりして難易度を上げると◎。

✔ 授業参観や他クラスとの交流などの場面で
いろいろな相手と行うのも新鮮な気分で楽しめます。

PART 5 ひらがなであそぼう！

PART 5　集中orリフレッシュを促し授業に役立つあそび⑬

スグでき！　子どもたちを気分転換させたいときに

拍手でヒント

おすすめの学年＞低学年　　人数＞全員　　場所＞教室

あそびのねらい

拍手を使ったクイズです。授業の導入に集中させたいときや、授業中、子どもたちが落ち着かないなど気分転換させたいときに。たとえ答えを当てられなくても、みんなで楽しめるあそびです。

用意するもの
- 答えを書いた紙

導入のことばかけ

「これから先生が手をたたきます。（パン、パン…）今度はみんなで一緒にたたきましょう。（パン、パン…）今日は、このみんなの拍手を使ったクイズをしましょう」

●あそび方

1 ルール説明をし、解答者1人を指名して廊下で待機させます。

先生：これからクイズに答える人を1人選んで、廊下で待ってもらいます。その間に、先生がある物を指定します。クイズに答える人が教室に戻ってきて、その物に近づいたら、ほかのみんなは拍手を大きく！　遠ざかったら拍手を小さくして、ヒントをあげてください

ここがポイント　ルール説明は拍手を交えてはっきりと。拍手の大小を練習しておくと◎。

2 先生は教室内にある物、たとえば「花びん」を指定し、解答者を教室に呼び入れてスタート！

先生：しーっ！（紙に答えを書いておき、提示します）

うんうん（うなずく）

先生：じゃあ、○○くんに教室に戻ってもらいましょう

3 解答者は教室内を歩き回って答えを探します。
ほかの子は解答者が答えに近づいたら拍手を大きく、離れたら小さくします。

先生：〇〇くん、1分以内に答えを探してね！

先生：パチ、パチ…
（だんだん大きく）

先生：お！　拍手が大きくなったね！

夢中にさせるコツ

解答者が答えを探し当てられるように、みんなで協力する雰囲気作りを。先生も一緒に拍手をしましょう。

4 1分経ったら、解答者は答えを発表します。
正解したらみんなで拍手！

先生：そろそろ1分経ったけど、答えはわかったかな？

花びんだ！

先生：（答えを書いた紙を出して）正解！

ベテラン教師のアドバイス

✔ 5分もあれば行えるので、ちょっと時間が余ったときにもおすすめ。

✔ 拍手の大きさが変わって楽しいあそびに、解答者を希望する子が続出！
日直やじゃんけんなど、全員が納得する方法で決めましょう。

✔ クイズの答えは、子どもたちの目に留まりやすい物を。
「〇〇さんの机」など変化球を織り交ぜても盛り上がります。

PART 5　拍手でヒント

PART 5　集中orリフレッシュを促し授業に役立つあそび⑭

スグでき！　地図帳を使って地理に親しむあそび

地名探しゲーム

おすすめの学年＞中・高学年　　人数＞全員　　場所＞教室

あそびのねらい
地図帳に親しみ、地理に興味や関心をもてるようになります。都道府県や地名などの位置が自然に覚えられるように。社会の授業の導入で行い、学年に合わせて難易度を変えていきましょう。

用意するもの
● 地図帳

導入のことばかけ

「4年生になると、社会科の学習では地図帳を使うことが多くなります。地図帳、みんなは好きかな？　今日は地図帳を使って、地名探しゲームをしましょう！」

●あそび方

1 先生が地図帳のページを指定し、「都道府県」などテーマを告げる。

先生：地図帳の○ページを開いてください。今回のテーマは、都道府県にします

（都道府県です）

2 先生が地名を1回だけ読み上げて、地名探し、スタート！制限時間は1分とします。

先生：地名は、1回しか言わないからよく聞いてね。…奈良県です！

奈良県！

先生：さあ、地図帳から探して、見つけたら指で押さえて起立してね

（奈良県！）

3 見つけた子は、地名を指で押さえて起立します。

子ども:
奈良県、あった！
（と起立する）

先生:
1番！

夢中にさせるコツ

起立した子から順に「1番！」「2番！」と順位づけしていくと、子どもたちはさらに意欲的になります。

4 1分後、先生が地図帳を指で押さえて正解を発表します。

先生:
奈良県はここです！
わからなかった子は、ちゃんと確認してね

ここがポイント 全員が正しい位置を確認したかどうか、しっかりとチェックを。

ベテラン教師のアドバイス

✔ 都道府県、区市町村、山、川、湖など、テーマをいろいろ設定できます。

✔ 2のとき、とんちクイズ形式で地名を発表しても楽しいです。
たとえば「頭の禿げている人が嬉しくなる場所は？」「増毛」など。

✔ 同じく2のとき、先生がヒントを出して地名を探させるやり方も。
たとえば「日本で一番長い川です」「信濃川」など。

PART 5 地名探しゲーム

PART 5　集中orリフレッシュを促し授業に役立つあそび⑮

スグでき！　新出漢字を復習して覚えられるあそび

漢字伝達ゲーム

おすすめの学年＞全学年　人数＞全員　場所＞教室

あそびのねらい
伝言ゲームの漢字版。楽しみながら漢字の復習ができます。1単元分の新出漢字を指導した直後に行うとよいでしょう。友だちとスキンシップの交流が図れて、学級の雰囲気もよくなります。

用意するもの
- お題を書く紙
- 解答用紙
- 筆記用具

導入のことばかけ
「みんなが新出漢字を覚えたかどうか、ゲーム形式で試したいと思います。やり方は伝言ゲームと同じ。先生が指定する漢字を友達の背中に書いて伝えていきます」

●あそび方

1 先生は列の一番うしろの子どもにお題の漢字を示します。

先生：昨日習った新出漢字からお題を出します。一番うしろの席の子以外は、前を向いていてね

ここがポイント　お題の範囲を限定すること。漢字ドリルのページ数を指定してもよい。

2 始めの合図で、前の席の子の背中に指で文字を書いて伝えます。

先生：1人あたりの時間は10秒にします。それでは、よーい、始め！

3 一番前の席の子は、紙に、伝えられた漢字と読み方を書きます。

4 紙を一斉に黒板に貼り、みんなで確認しながら採点します。漢字と読み方、それぞれ正解していれば1点ずつ。採点後、子どもたちは一つずつうしろの席にずれ、一番うしろの子は一番前の席（解答者）に移動し、2問目を始めます。

先生：正解は、いた（板）でした。この列とこの列は、漢字も読みも当たってるから2点！

やったー！

先生：真ん中の2列は惜しかったね。次はがんばろう！　では、一つずつ後ろに席をずれて、一番後ろの子は一番前に移動してください。2回戦、いくよ！

夢中にさせるコツ
採点して班対抗戦にすることで、子どもたちの意欲がわきます。毎月、チャンピオンを決めても盛り上がります。

ベテラン教師のアドバイス

✔ 正しく伝達するためには、書き順も鍵であることを伝えましょう。

✔ 伝達する方法は、背中に書くほか、手のひらに書く、頭で空中に書く、指で空書きをする、尻文字などのバリエーションを使い分けてもOK。回によって変えると子どもたちは飽きずに取り組めます。
ただし、尻文字は恥ずかしがる女子がいるため、注意が必要です。

PART 5　漢字伝達ゲーム

PART 5　集中orリフレッシュを促し授業に役立つあそび⑯

スグでき！　**自由な発想力と想像力を高めるあそび**

どんなパンが好き？

おすすめの学年＞低学年　　人数＞何人でも　　場所＞教室

あそびのねらい

パンといえば当然、食べ物ですが、それだけではない子どもたちの自由な発想力や想像力を高めます。このゲームに不正解はありません。最後に楽しい発表を行うことでクラスの雰囲気が和むでしょう。

用意するもの
- ノート
- 筆記用具

導入のことばかけ

「みんなは、どんなパンが好きですか？（子どもたち「アンパン！」「メロンパン！」）どれもおいしいよね。でも先生は、ちょっと変わったパンも好きなんだよ」

●あそび方

1 先生が1人を指名し、手本を見せます。

先生：○○さん、先生に「どんなパンが好き？」って聞いてくれる？

どんなパンが好き？

先生：風船パン。次に「食べるとどうなるの？」って聞いて

食べるとどうなるの？

先生：食べるとすご〜い音で、パンッって割れるの

2 ノートに「どんなパンが好きか」「食べるとどうなるか」を書かせます。時間は3分。

先生：ではみんなは、どんなパンが好きか、食べるとどうなるかをノートに書き出してください。時間は3分です。よーい、始め！

> **❗ ここがポイント**　先生は見回りながら「いいね！」「おもしろい！」などと褒める。

3 先生が2人を指名し、前に呼びます。

先生：それでは、AくんとBくんに前に出て発表してもらいましょう。みんなで一斉に、「どんなパンが好き？」って聞こうね

夢中にさせるコツ

2名を対決させるだけで、子どもたちは大盛り上がり。
「発表したい人、いるかな？」と希望者を募ってもOK。

4 1人ずつ、どんなパンが好きかを発表し、勝負します。拍手の多いほうが勝ち！

先生：じゃあみんな、一緒に聞くよ！せーの！

「どんなパンが好き？」

「海パン！」

「食べるとどうなるの？」

「食べると、プールで泳ぎたくなるの！」

先生：今回は、Aくんの勝ちにしましょう。Bくんのパンもおいしそうだったよ！

ベテラン教師のアドバイス

✔ 国語や学活の時間など、いつでも行うことができます。

✔ 子どもたちがやり慣れてきたら、授業中、ふいに誰かを指名して「どんなパンが好き？」と聞いてみましょう。
　ノリがよければそのまま答えが返ってきて、子どもたちは大爆笑です。

PART 5　どんなパンが好き？

PART 5 集中orリフレッシュを促し授業に役立つあそび⑰

スグでき！ いろいろな形に意識を向けるあそび

鍵穴と鍵

おすすめの学年＞中・高学年　人数＞全員　場所＞教室

あそびのねらい
鍵穴と鍵に見立てたカードの相手を探すあそび。各自、カードの形を意識しながら探すので、算数のいろいろな形を勉強する前に行うとよいでしょう。子ども同士のコミュニケーションも図ります。

用意するもの
- 何種類か異なる形の「鍵穴」と「鍵」のセット（人数の半数分＋予備）

導入のことばかけ
「〇〇ちゃんのおうちの鍵と、先生のおうちの鍵は違うよね。鍵穴と鍵のセットは、世の中にたくさ〜んあります。今日、先生は何種類か用意しました。これから鍵穴と鍵、ぴったり合う相手を探すゲームをしましょう」

●あそび方

1 先生はあらかじめ、厚紙で「鍵穴」と「鍵」のセットを作っておきます。

❗ここがポイント
最後に面積を計算するので、求めやすい長さ等を考慮する。

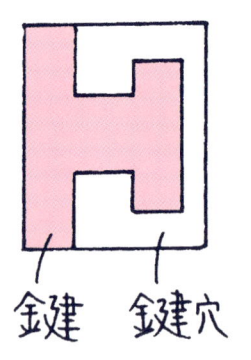

鍵　鍵穴

2 子どもたち全員に、鍵穴か鍵のどちらかのカードを1枚ずつ配ります。

先生：「では、鍵穴または鍵のカードをバラバラに配ります」

3 子どもたちは教室内を歩き回り、自分にぴったり合う鍵穴または鍵を見つけます。

先生：これから教室の中を歩いて、自分の持っているカードにぴったり合う相手を探してください。鍵をもっている子は鍵穴、鍵穴をもっている子は鍵、の人を見つけることになるよね。では、スタート！

〇〇ちゃん、合わせてみよう

合った！ぴったりだ！

4 見つかったペアから着席し、お互いのカードの合計面積を出します。

先生：相手が早く見つかった人は、並んで座って、2枚のカードの合計面積を出してね

夢中にさせるコツ
ペアを早く見つけた子が飽きないように次のステップへ。合計面積が正しく導き出せたら褒めて(ほ)あげましょう。

ベテラン教師のアドバイス

✔ 自分にぴったりの相手が見つかると、子どもたちは大喜び。少し準備が必要になりますが、ぜひ試してください。丈夫な厚紙で作って、切り口をテープ等で補強しておくと何度も繰り返しあそべます。

✔ 男女間の交流があまりないクラスなら、鍵穴と鍵を男女別に配布して交流を促すとよいでしょう。

PART 5 鍵穴と鍵

PART 5　集中orリフレッシュを促し授業に役立つあそび⑱

スグでき！　漢字の画数や書き順をマスターする！

漢字ジャンケンバトル

おすすめの学年＞低学年　人数＞全員　場所＞教室

あそびのねらい
漢字の画数や正しい書き順を覚えられるあそびです。「右」「左」など書き順の間違いやすい漢字もしっかりマスターできます。何回かやるうちに、子どもたちからリクエストがくるでしょう。

用意するもの
● ノート（書き取り用）
● 筆記用具

導入のことばかけ

「さあ、ジャンケンしましょう！　ジャンケンポン！（子どもたち「勝った！」「負けた！」）この調子で、今日の漢字はジャンケンでいこう！（子どもたち「え!?」）」

●あそび方

1 先生が黒板に見本を書きます。たとえば「元」。

先生：まず、元気の「元」を書いてみます

ここがポイント
最初は画数が少なく書き順の簡単な字にして、あそび方をマスターする。

2 子どもたちは書き順を学び、練習します。

先生：四画だよね？　みんなもノートに書いて練習してみましょう

3 先生と子どもたちがジャンケンをし、勝った子は一画目を書く。

先生：では、漢字ジャンケンバトルを始めます。みんなは先生にジャンケンで勝ったら、一画ずつ書けるよ

はーい

先生：「元」は四画だから、四回勝ったら字が完成するね。じゃあ、用意はいいかな？　ジャン、ケン、ポン！

4 ジャンケンを繰り返し、漢字の完成した子が勝ち。全員が書き終わるまで続けます。

よし！　書けた！

先生：字が完成した子は、2つめに挑戦してみよう！　じゃあ、いくよ。ジャン、ケン、ポン！

よし　完成！

夢中にさせるコツ

あそびの終わりに、一番早く書けた子と一番多く書けた子にみんなで拍手を贈ると、盛り上がってしめくくれます。

ベテラン教師のアドバイス

✔ 新出漢字を学習したあとに行うと、楽しく復習できます。

✔ 最初は簡単な字から始めて、慣れてきたら書き順の間違いやすい漢字もお題にしましょう。友だちや学校の名前をお題にしても有意義で、かつ盛り上がります。

PART 5　漢字ジャンケンバトル

あそびと子どもたちの知力・体力

あそびを上手に活用して知力と体力を高める

　子どもたちには、「算数はキライ」「漢字はムズカシイ」などと苦手な教科があるでしょう。そこで「苦手な教科をなくすためにがんばる！」とやる気がでればよいのですが、子どもたち全員がそうはならないのも現実。そんなとき、あそびはとても有効です。

　あそびの導入で子どもたちを「え!?」と驚かせ、知的好奇心をくすぐって興味を引いたり、楽しいゲームの中で復習したり。あそびを通じて、子どもたちは知る・学ぶことの喜びを味わうでしょう。そこで達成感を味わえば、それまで苦手だった教科への関心・意欲が高まり、やがて知力のアップにつながるはず。そのために先生は子どもたちのがんばりを讃え、あそびによってはタイムの記録をつける、子どもたちが記入した紙をファイリングするなど、なるべく目に見える形にしてあげるといいですね。子どもたちは次の目標を立てやすくなります。

　一方、すべての活動の源である体力。体力がないと疲れやすく、意欲も気力もなくしてしまいます。さらに、ストレスを溜めこんでしまうこともあります。

　文部科学省の「体力・運動能力」調査によると、子どもたちの身長・基礎的運動能力は昭和60年以降、年々低下の傾向にあり、懸念されてきました。ところが平成22年度の調査では、ほとんどの項目で横ばい・向上傾向が。新体力テストが採用された平成10年度以降、その合計点は過去最高を記録。このまま体力を向上させられるように、あそびでも身体を動かすものを取り入れていきたいですね。授業中、ほんの少しでも身体を動かすことでリフレッシュでき、集中力がアップ。あそびを上手に活用して、知力・体力ともバランスよく育んでいきましょう。

PART 6

各教科の学習意欲や能力を引き出すあそび

PART 6　各教科の学習意欲や能力を引き出すあそび①

ビンゴゲームで楽しく復習しよう！

スグでき！
教科書ビンゴ

おすすめの学年＞全学年　人数＞全員　場所＞教室

あそびのねらい
全教科の復習に使えるビンゴゲームです。単元の新出漢字をテーマにしてもOK。重要な用語を書き出させることで、「何が重要か」を常に念頭に置きながら教科書を読むクセがつくでしょう。

用意するもの
- ビンゴカード
- 教科書
- 筆記用具

導入のことばかけ

「さっそく昨日勉強したことの復習をしましょう。みんなが好きなビンゴでやろうと思うんだけど、どうかな？　では、これから『教科書ビンゴ』をします！」

●あそび方

1 ビンゴカードを配り、教科書の範囲を指定します。

先生：範囲は、昨日勉強した40、41ページにします

2 子どもたちは教科書の範囲から重要だと思う用語を3×3マス目に記入します。

資源ごみ	リサイクル	うめたて地
地球温だん化	浄水プール	そ大ごみ
せいそう工場	分別ごみ	グリーンマーク

先生：教科書の範囲から、重要だと思う用語を9つ、ビンゴのマス目に書いていってください

はーい！

3 子どもたちが全員、書き終わったことを確認したら、クイズ形式で用語を発表していきます。

先生: では1つ目の用語から。クイズで出すから答えてね。古紙を使った製品についているマークは？

生徒: グリーンマークです！

先生: 正解！ グリーンマークを書いていた人は消してね

> **ここがポイント** クイズ形式にして出すことで考える力を引き出し、さらに楽しく。

4 ビンゴになったら大声で「ビンゴ！」というように指示しておき、ビンゴが出るまで続けます。

生徒: ビンゴ！

先生: ○○ちゃん、1番だね。トップ賞！

夢中にさせるコツ
トップ賞のほか、最多ビンゴ賞、ブービー賞、おしかったで賞などいろいろ設けておくと、さらに盛り上がります。

ベテラン教師のアドバイス

✔ ビンゴカードを教室に常備しておきましょう。
　いつでも手軽に、どの教科でも楽しく復習できます。

✔ 3のとき、子どもが用語を当てたあとにさらにワンポイント解説をすると、用語がしっかりと定着します。

✔ 時間のあるときは5×5などマス目を増やしてもよいでしょう。

PART 6　各教科の学習意欲や能力を引き出すあそび②

スグでき！ ビンゴでいろいろな計算をマスターする！

計算ビンゴ

おすすめの学年＞全学年　　人数＞全員　　場所＞教室

あそびのねらい

学年に応じたテーマを設けてビンゴで計算の練習をします。低学年はたし算、引き算、掛け算など幅広く。中学年はかけ算の九九を集中的に。高学年は最小公倍数、最大公約数などを取り入れましょう。

用意するもの
- ノート
- トランプ
- 筆記用具

導入のことばかけ

「（授業の終わりに）今日はみんながよくがんばったから、5分くらい時間が余りました。最後にみんなでビンゴゲームをやって、楽しくしめくくりましょう!」

●あそび方

1 子どもたちはノートに3×3マスのビンゴの枠を書きます。

> 先生：ノートに、3マス×3マスの枠を書いてください

2 先生がビンゴのテーマを板書します。たとえば「6の段の九九」など。子どもたちは答えを想像しながらマス目を埋めます。

> 先生：ビンゴのテーマは、6の段の九九にします。みんなは6の段の答えを思い浮かべて、マスを埋めてください

（6・12・18…／24にしよう！）

3 先生は1から9のトランプをシャッフルさせて1枚ずつ引き、問題を読み上げます。

6の段の九九

先生：じゃあ、いくよ〜。先生が引いたトランプの数字が、かける数になるからね。（トランプを引く）

4 子どもたちは全員で声をそろえて答えを言い、正解の数字に〇を付けます。
子どもたちはリーチ、ビンゴを大声で言い、ビンゴが出たらおしまい。

先生：（6×3と黒板に書き）最初は、6×3です！答えは？

子ども：18！

先生：マスに18と書いた人は〇を付けてください（その後、3と4を繰り返す）

子ども：リーチ！

夢中にさせるコツ

「リーチ！」「ビンゴ！」は大声で言うように促して。
かけ声が出るたびに、わっと盛り上がります。

ベテラン教師のアドバイス

✔ 授業の始まりや終わりの5分間で行うと、メリハリがついて◎。

✔ 中学年の場合は、九九でつまずきやすい6の段、7の段、8の段をとくに集中的に。各自、楽しみながらマスターできるといいですね。

✔ テーマを6の段と2の段、など複数の組み合わせにすると、はずれの数が増えて難易度がアップします。

PART 6 計算ビンゴ

PART 6　各教科の学習意欲や能力を引き出すあそび③

スグでき！ 物の名前を暗記して記憶力を高める

瞬間メモリーゲーム

おすすめの学年＞低・中学年　　人数＞全員　　場所＞教室

あそびのねらい
子どもたちの記憶力を鍛えるゲーム。ふだん見慣れている文房具、学習用具などを見て、いくつ暗記できるかを競います。暗記しなければというプレッシャーがなく、手軽にチャレンジできます。

用意するもの
- 大きめのトレイ
- 小物20〜25個
- テーブルクロス
- ノート
- 筆記用具

導入のことばかけ

「今日は、みんなの記憶力をアップさせるあそびをします。これから見せる物の名前を、できるだけたくさん覚えてもらいます。ふだん、よく見ている物ばかりだから簡単だよ。じゃあ、チャレンジしてみよう！」

●あそび方

1 先生は子どもたちの見ていないところでトレイに小物（文房具、学習用具など20〜25個）を乗せ、クロスをかけておきます。

2 子どもたちはトレイの周りに集まり、観察して覚えます。制限時間は1〜3分。

先生：「じゃあ、これからクロスを取るからね。3分間でできるだけたくさん覚えてください。スタート！（とクロスを取る）」

ここがポイント　教室の中央など、全員がよく見える位置にトレイと小物を置く。

3 制限時間になったら、
トレイの上にクロスをかけて隠します。

先生：はい、おしまい〜
（クロスをかける）

え〜！

4 子どもたちはノートに小物の名前を書き出します。
数分後、先生は小物の名前を読み上げ、
答え合わせをします。
一番多く書けた子が優勝。

先生：ではノートに、小物の名前を書き出してください

ペンとリコーダーと…

先生：（数分後）では、答え合わせをしましょう

ペン ハサミ…

えーと…みかんがあった！

夢中にさせるコツ

子どもたちに順番に1個ずつ、ノートに書いた名前を読み上げて答え合わせをしても盛り上がるでしょう。

ベテラン教師のアドバイス

✓ 国語や社会、理科などの物の名前を覚えさせる単元を扱ったあとに、復習として行うのもよいでしょう。

✓ クラスの人数が多いなど、一度に観察することが難しければ、班対抗戦にしてもよいでしょう。
班ごとに観察＆相談する時間を与え、答え合わせをします。

PART 6 瞬間メモリーゲーム

PART 6　各教科の学習意欲や能力を引き出すあそび④

スグでき！　眼を鍛えて読む力＆集中力を向上させる

かくれている動物を探そう

おすすめの学年＞低・中学年　　人数＞全員　　場所＞教室

あそびのねらい
視線をすばやく動かして、文字列の中から特定の単語を探すトレーニングです。眼で目的のものを探す力を養い、集中力もアップ。読み飛ばしの多い子に、改善の効果が期待できます。

用意するもの
- 文字を書いたワークシート（以下、拡大コピーして使用できます）
- 筆記用具

導入のことばかけ
「みんなは何の動物が好きかな？　今日は、ひらがながいっぱい書いてある中から、動物を見つけるゲームをします。さて、何匹、見つけられるでしょう？」

●あそび方

1 ランダムに文字を書いたワークシートを作成しておきます。

あ	の	え	る	や	び	か	く	は
め	ち	と	み	う	ん	し	ま	わ
そ	ほ	ね	わ	し	へ	ま	ぱ	ち
い	よ	こ	む	の	す	ろ	ら	り
る	め	せ	つ	う	ろ	ま	い	す
か	ら	と	ぬ	さ	ば	り	お	て
ひ	く	ん	き	ぎ	こ	に	ん	ろ
た	だ	い	り	つ	お	よ	ぞ	み
ぬ	ち	ぬ	ん	の	れ	や	う	さ

動物を探す「ワークシート」例

あ	と	え	る	や	び	か	く	は
め	ら	ん	み	う	ん	し	ま	わ
そ	ほ	ね	わ	し	へ	ま	ぱ	ち
い	よ	こ	む	の	す	ろ	ら	り
る	め	せ	つ	う	ろ	ま	い	す
か	ら	と	ぬ	さ	ば	り	お	て
ひ	く	ん	き	ぎ	こ	に	ん	ろ
た	だ	い	り	つ	お	よ	ぞ	み
ぬ	ち	ぬ	ん	の	れ	や	う	さ

左のワークシートの解答

ここがポイント　縦・横・斜めと読む方向を決めてゲームを行うため、ワークシートを作成する際、単語を並べる方向に気をつける。

2 子どもたちに配布し、動物を探させます。
時間は5分。

先生　ひらがながたくさん書いてありますが、縦の方向に読んで動物を探してください。この中に何匹隠れているかな？　見つかったら○で囲ってね。制限時間は5分です。では、スタート！

夢中にさせるコツ

初めに何匹隠れているか、数を予想させてから行うとゲーム性が高まります。ちなみに例は縦方向に13匹（頭）です。

3 子どもたちにどんな動物がいたかを発表してもらいます。

りす！

先生　りす、いたね〜。みんなは探せたかな？

ベテラン教師のアドバイス

✓ 9×9文字のワークシートを提案していますが、8×10でも、10×10でも、先生の作りやすい仕様でOK。動物のほか、植物、食べ物などを探させてもよいでしょう。

✓ 単語ではなく、「この中から『あ』を見つけてください」などと文字を探させてもトレーニングになります。

PART 6　かくれている動物を探そう

PART 6 各教科の学習意欲や能力を引き出すあそび⑤

スグでき！ 言葉に集中して語彙力をアップ！

書き取りしりとり

おすすめの学年＞全学年　人数＞2人以上　場所＞教室

あそびのねらい
しりとりでマス目を埋めていくあそび。子どもたちは言葉に意識を向けて、ボキャブラリーを総動員させます。しりとりのテーマを変えれば、国語の授業で何度でもあそべます。

用意するもの
- マス目を書いた紙（ノートを使用してもOK）
- 筆記用具

導入のことばかけ
「みんな、しりとりって知ってる？　けっこう難しいよね。えっ？　難しくない？　でも、今日やるしりとりはけっこう難しいぞ！　チャレンジしてみる？」

●あそび方

1 9個（総文字数）×3列くらい（あそぶ回数）のマス目を書いた紙を配ります。

！ここがポイント
マス目は9〜12くらいに。短めの方が集中して取り組める。

2 先生がルールを説明します。

先生：隣の席の子としりとりをしながら、マス目を埋めていきます。たとえば、りんご、ごま（と板書します）

子：ふむふむ

先生：最後、ぴったりと終わらせたほうの勝ちです

りんご、ごま、

3 子どもたちは隣の席の子とペアになり、しりとりを始めます。

先生：まずは、右側の席の子から始めましょう。2回目は、左側の席の子からね

夢中にさせるコツ

2回目以降、慣れてきたら、動物、食べ物などテーマを限定してみましょう。難易度が上がって、さらに楽しめます。

4 高学年の場合は熟語のしりとりにも挑戦してみましょう。

先生：2回目は熟語でやってみましょう。（板書しながら）本屋、屋根という風に、熟語で繋いでいきます。さらに難しくなるよ！

ベテラン教師のアドバイス

- ✔ 3と4のとき、降参しそうになったらほかの人にアドバイスをもらえる「ライフライン」が使えるというルールを設けるとよいでしょう。脱落する子を防げます。
- ✔ 2人組、3人組、グループなどいろいろなパターンで楽しめます。どの組（グループ）が一番早くマス目を埋められるか、対抗戦を行っても盛り上がるでしょう。

PART 6　書き取りしりとり

PART 6　各教科の学習意欲や能力を引き出すあそび⑥

スグでき！　班で協力しながら俳句に親しむあそび

新聞紙から名句を探す！

おすすめの学年＞高学年　　人数＞4〜6人くらい　　場所＞教室

あそびのねらい

俳句というとつい難しく考えてしまい、苦手意識の強い子もいるでしょう。このあそびを行うと、俳句がぐっと親しみやすいものになります。グループの結束力や集中力を高めるのにも効果的です。

用意するもの
- 新聞紙
- 紙
- ハサミ
- のり

導入のことばかけ

「みんなはふだん、新聞を読みますか？　あまり読まないよね。新聞には文字がたくさん書かれていますね。今日はここから有名な俳句を探してもらいます」

●あそび方

1 子どもたちは班ごとに席をかため、先生が各班に新聞紙を配ります。

!ここがポイント
漫画や子どもたちが見て望ましくない記事が載っている面は避ける。

2 先生がお題となる俳句を板書します。

先生：「この俳句の一文字、一文字を、新聞から探して、紙に貼っていきますよ。班のみんなで協力してやってね」

菜の花や　月は東に　日は西に

3 子どもたちは新聞紙から文字を探し、切り取って紙に貼っていきます。

> 次は「菜」を探そう！

先生:
> （しばらく様子を見て）「菜」がなかなかないね。他の班に助けてもらう？

> うん

先生:
> A班が、菜の花の「菜」がないようです。もう終わった班は手伝ってくれるかな？

夢中にさせるコツ

見つけられない字があったら、班を越えた協力体制を促しましょう。はりきって手伝ってくれる子が出てきます。

4 すべての班が完成したら、みんなで読み上げましょう。

先生:
> じゃあ、みんなで声をそろえて読んでみましょう

> 菜の花や〜　月は東に　日は西に

先生:
> 誰の句かわかるかな？

> 与謝蕪村！

先生:
> 正解！

ベテラン教師のアドバイス

- ✓ みんなで俳句を読み上げたあと、先生が俳句の大意や俳人のエピソードを語ると、学習が深まります。
- ✓ 他の班に協力してもらっても見つからない文字がある場合は、ひらがなやカタカナを交えてもよいことにしましょう。
- ✓ 班で相談して俳句を一句選び、新聞紙を切り貼りして発表してもらう方法も。子どもたちの好みの傾向がわかります。

PART 6　新聞紙から名句を探す！

PART 6　各教科の学習意欲や能力を引き出すあそび⑦

スグでき！　聞く・話す・書く力を育てるあそび

うわさの「尾ひれ」を考える

おすすめの学年＞高学年　　人数＞4人　　場所＞教室

あそびのねらい
先生から聞いた話を伝える中で、話を注意深く聞く姿勢や、友だちにとって大切な情報を考えながら的確に話す力が身につきます。話のポイントを意識し、必要な情報を選んで書く力も養います。

用意するもの
- ノート
- 筆記用具
- 読み聞かせ用の話

導入のことばかけ

「みなさんは『噂』についてどう思いますか？　自分や友だちの噂話に喜んだり悲しんだりしたことのある人もいるでしょう。そう、噂にはよく『尾ひれ』がついてしまうものなのですね。なぜ尾ひれがつくのか、みんなで確かめてみましょう」

●あそび方

1　先生がルールを説明し、4人グループのうち、1人が廊下へ出ます。

先生：これからグループの中で1人、廊下で待機してもらいます。その間に、先生は残りの3人に、ある話をします。廊下に出ていた子が戻ったら、3人の子はその話を伝えて、最後に一人一人、話の内容をノートに書いてもらいます。わかったかな？

ここがポイント　最後は自分だけで話を書くことを強調し、聞く姿勢を促す。

2 先生は教室に残った子たちに簡単な話を読み聞かせます。たとえば『桃太郎』。

先生：むかし、むかし、ある所に〜（桃太郎の話を聞かせる）

（むかしむかし……）

夢中にさせるコツ
最初は「桃太郎」のような昔話など、起承転結が明確な話がおすすめ。子どもたちが取り組みやすくなります。

3 廊下に出ていた子を呼び戻し、3人の子たちが話の内容を説明します。

先生：では、3人の子は話の内容を説明してください

4 全員が話を再現してノートに書き、それぞれの話を比べながら話し合います。

先生：一人一人、ノートに話を再現して書いてください。相談はナシだよ！

先生：（しばらく経ったら）全員、書き終わったら、読み比べてください。自分の話と友だちの話の、どこが違うか、どうして違うのかを話し合ってみてください

（ももたろうが……）

ベテラン教師のアドバイス

✔ 班替えのあとなど、グループの交流を促したいときに。

✔ 慣れてきたら5W1Hが意識できる話をして、聞き方によって話のポイントが違ってくることに気づかせられるといいですね。

✔ 国語の授業のほか、読み聞かせる話を理科や社会科などに関係した内容にすると、他教科の授業にも取り入れられます。

○月×日 日直

PART 6　うわさの「尾ひれ」を考える

PART 6　各教科の学習意欲や能力を引き出すあそび⑧

スグでき！　**オノマトペで語感を養うあそび**

箱の中身はなんだろう?

おすすめの学年＞中学年　　人数＞何人でも　　場所＞教室

あそびのねらい

箱の中身を当てる定番のクイズですが、使ってよいのはオノマトペ（繰り返し言葉）のみ。オノマトペを使って表現することで語感を養い、クイズの出題と回答を通して言葉の交流を促します。

用意するもの
- ダンボール箱
- 中に入れる物

導入のことばかけ

「この箱の中に入っている物はなんでしょう？（箱に手を入れて）触ると、ザラザラ？ ツルツル？　こんな感じで、これからオノマトペを使ったクイズをしましょう」

●あそび方

1 手が差し込める穴を開けたダンボール箱に、身近で一般的な物、たとえば「ガムテープ」を入れておきます。

夢中にさせるコツ

ダンボール箱に色を塗ったり飾りをつけたりすると、楽しい雰囲気が出ます。子どもたちの注目度もアップ！

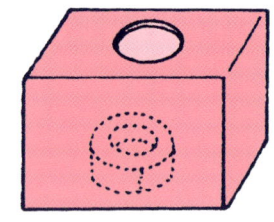

2 3人の子を指名し、箱の中身を確認させます。

"わくわく"

先生：前に来て、順番に箱の中に手を入れてください

子：（箱に手を入れている）

先生：触った感じや、形・大きさなどをしっかり確認してね

3 3人の子に質問し、中に入っている物を
オノマトペで表現させます。

ザラザラ　クルクル　ビリビリ

先生：Aくん、触った表面の感じは？
子：ザラザラ！

先生：Bちゃんは、形や大きさを教えて
子：クルクル！

先生：ではCくん、使うときはどんな音がするかな？
子：ビリビリ！

ここがポイント 子どもが答えられなければ、もう一度、箱に手を入れてイメージさせて。

4 オノマトペを手がかりに、ほかの子が
中に入っている物を当てます。

先生：箱の中身がわかった子はいるかな？
子：ガムテープ！
先生：正解！

正解！　ガムテープ！

ベテラン教師のアドバイス

✔ 箱の中身が用意できれば、毎日行ってもOK。
　班ごとに日替わりで1問ずつ出題し、1週間ほど継続しても楽しいです。

✔ 軍手やボールなど手触りに特徴のある物を入れましょう。
　三角定規やビーカーなど、学習用具を提示するときに行っても効果的。

✔ 国語の読み取りなど、言葉にこだわった学習の導入にも。

PART 6　箱の中身はなんだろう？

PART 6　各教科の学習意欲や能力を引き出すあそび⑨

スグでき！　動詞のボキャブラリーを増やす

話をチェンジ！

おすすめの学年＞中・高学年　　人数＞何人でも　　場所＞教室

あそびのねらい
動詞を入れ替えて話を作りかえるあそび。作文に対する興味や関心が増し、文章を書くときに動詞を意識するようになります。いろいろな動詞を書き出すことでしっかりと覚えられ、語彙が増えます。

用意するもの
- ノート
- 国語辞典
- 筆記用具

導入のことばかけ

（以下、板書します）先生は昨日、買い物をしました。行った場所は築地です。最初に卵焼きを買いました。たくさんのお客さんが並んでいたので、購入するまでに10分かかりました。「今日は、この文章を違うお話に変えてもらいます」

●あそび方

1 先生は板書したら、動詞を○で囲っていきます。

（黒板）
先生は昨日買い物をしました。
行った場所は築地です。
最初は卵焼きを買いました。
たくさんのお客さんが並んでいたので
購入するまでに10分かかりました。

先生：まず、先生がこの文章の動詞を○で囲っていきますね

夢中にさせるコツ
短めでストーリー性のある話にしましょう。子どもたちに人気のキャラクターを登場させても○。

2 子どもたちはなるべく多くの動詞をノートに書き出します。制限時間は2分。

先生：みんなはノートに、思いつくだけ動詞を書き並べてください。見る、聞く、話す、いろいろあるよね

子ども：はーい

先生：「死ぬ」とか物騒な言葉はナシだよ

> **ここがポイント**　「死ぬ」や下ネタの言葉は禁止に。おもしろがって書く子もいるので注意。

3 板書した文章の動詞を2の動詞と入れ替えて、話を書き換えます。

先生：ノートに書き出した動詞と、黒板に書いてある文の動詞を入れ替えて、新しい話を作ってもらいます

（子どもの吹き出し）最初に卵焼きを食べました

4 子どもたちは班ごとに席をかため、話し合いで代表者を選出。最後に一人ずつ、書き換えた話を発表します。

先生：班ごとに席をかためて、班の中で発表してください。そこで上手に書けている人、おもしろく書けた人を話し合いで選んで、最後に発表してもらいます

ベテラン教師のアドバイス

- ✔ 2のとき、動詞をなかなか書き出せない子がいたら国語辞典や漢字ドリルを使ってもよいことにしましょう。
- ✔ 慣れてきたら、自分たちで話を作らせることから始めると、発表のときにさらに盛り上がります。

PART 6　話をチェンジ！

PART 6　各教科の学習意欲や能力を引き出すあそび⑩

スグでき！　文節を意識して文章力を鍛える！

文を上手に作る

おすすめの学年＞全学年　　人数＞全員　　場所＞教室

あそびのねらい
文節を区切って、文を組み立てなおすあそび。正しい文法で文を書くことができるようになります。いろいろな友だちと会話することで、コミュニケーション能力の向上にも役立ちます。

用意するもの
- 箱（手を入れられる箱）
- 紙（小さな短冊状に切ったもの）
- 筆記用具

導入のことばかけ

（箱に「あそび方1」のサンプルを入れておき、4枚ほど取り出して黒板に貼る）
「『勝った』『今日』『病院で』『食べた』。これではなんだかわかりませんね。今日はなんだかわからない文を、友だちと協力して意味の通る文に作り替えるゲームをします」

●あそび方

1 子どもたちはノートに一文を書きます。
その各単語（文節）を1枚ずつ紙に書きます。
たとえば「私は」「きのう」「動物園へ」「行った」。

先生：ノートに一つ、文を書いてから、文節を区切って紙に書いてください。誰が読んでもわかるように、ていねいに書きましょうね

❗ここがポイント
先生が例文を板書し、文節の区切り方などの手本を見せるとよい。

2 1で書いた紙を箱に入れてシャッフルし、子どもたちは自分が入れた枚数の紙を取り出します。

先生：では順番に、紙を取りに来てください

3 子どもたちは教室内を歩き回って、友だちと紙を交換しながら文を作ります。制限時間は約5分。

先生：これから5分間で、友だちと紙を交換しながら意味の通る文を作ってね。よーい、スタート！

紙、見せて

先生：いろいろな友だちと紙を見せ合いっこしましょう

4 文が完成した子どもは先生に提出。先生が発表します。

先生、できたよー！

先生：そろそろ5分経ったね。では、みんなが作った文を発表しましょう

夢中にさせるコツ

最も早く意味の通る文を作った人は「早上がり賞」、最もおもしろい文を作った人は「おもしろかったで賞」などの賞を設けると盛り上がります。

ベテラン教師のアドバイス

✓ 3で紙を取り出す順番は、あらかじめ決めて告げておくこと。たとえば、文を早く書いた順、出席番号順、班の代表同士のじゃんけんなど。

✓ どうしても意味の通る文を作れない子が出てくるので、制限時間（5分）を決め、時間内にできなくてもOKとしましょう。その際は「どの文節を、どういう言葉にすると意味が通じるかな？」などと質問して、フォローを忘れずに。

PART 6　各教科の学習意欲や能力を引き出すあそび⑪

スグでき！ 4つの数字を使った計算ゲーム

ナンバープレートゲーム

おすすめの学年＞高学年　人数＞全員　場所＞教室

あそびのねらい
自動車のナンバープレートに着想を得た、4つの数字を使って行う計算ゲームです。数に興味と関心をもつようになり、繰り返すうちに計算が速くなります。同時に集中力も鍛えられるでしょう。

用意するもの
- 4つの数字
- ノート
- 筆記用具

導入のことばかけ

（先生はいきなり「8531」と板書し）「はい、黒板に注目して〜。この数字を全部足すと、いくつになるかな？」（子どもたちが「17！」と答えます）

●あそび方

1 板書した「8531」を指し、全部かけさせます。

先生：次は、全部かけてみましょう。いくつになるかな？

子ども：90！

先生：あれ？　おかしいね。もう1回、計算してみよう

子ども：120だ！

先生：正解！

2 ×、÷、＋、−、どれを使ってもよいので、合計10になるように計算させます。

先生：今度は、ちょっと難しいよ。足しても、引いても、かけても、割ってもいいから、答えを10にしましょう

ここがポイント　ときどき、班対抗戦にすると、協調性が養われて学級作りにも役立つ。

3 子どもたちは答えをノートに書き、先生に見せに行きます。

先生: 正解。○○さん、1番！

やった！

夢中にさせるコツ

最初にできた子から1番、2番と番号をふっていくと、早く解きたくなって集中力が高まり、やる気も出ます。

4 10人の子ができたら、先生は正解を黒板に書きます。

先生: 正解は、(8−5)×3+1でした！みんな、しっかり確認してね

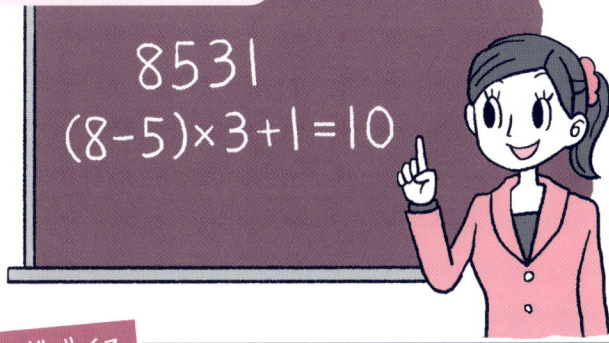

```
8531
(8-5)×3+1=10
```

ベテラン教師のアドバイス

✔ 4桁の数字の選び方、数字の配列の仕方など、事前に先生がどんな数を選ぶかを吟味しておくことが重要です。

✔ 難易度をクラスの子どもたちの実態に合わせること。たとえ同じ数字でも、「1358」と提示して「順番を入れ替えてもよい」というルールを足すと難易度がアップ。

PART 6 ナンバープレートゲーム

PART 6　各教科の学習意欲や能力を引き出すあそび⑫

スグでき！ 漢字を分解して書き取りの力をアップ！

分解漢字づくりバトル

おすすめの学年＞中・高学年　人数＞何人でも　場所＞教室

あそびのねらい
漢字をバラバラに分解するあそび。国語の授業の導入で行うと、漢字が苦手な子も興味をもつように。分解して一つ一つに着目することで漢字の構成への理解が深まり、書き取りの力が高まります。

用意するもの
- ノート
- 筆記用具

導入のことばかけ
（いきなり黒板に「ヒ矢マフト人」と大きく書きます。導入のことばかけは特にありません）

●あそび方

1 「ヒ矢マフト人（＝疑）」を指し、クイズのように子どもたちに尋ねます。

先生：さて、これは何でしょう？

子ども：ひやまふとじん？

子ども：暗号？？

2 子どもたちの質問攻撃をかわして、正解が出なかったらやや簡単な例題を出します。たとえば「くム小（＝糸）」など。

先生：では、これはわかりますか？

子ども：く、む、しょう？

子ども：なんで全部ひらがなじゃないの？

3 タネ明かしをし、ルール説明をします。

先生：これは分解漢字です。漢字は、ひらがなやカタカナ、簡単な漢字に分解することができます

児童：へぇ〜！

先生：ただしルールがあって、書き順通りに分解しなければいけません。たとえば「右」なら、ノ 一 口（と板書する）。わかりましたか？

児童：はーい！

ここがポイント
このルールを徹底させると、書き順をきちんと覚えることができる。

4 制限時間を設定し、分解漢字づくりバトル、スタート！
分解漢字がいくつ作れるかを競います。

先生：これからみんなに分解漢字を作ってもらいます。教科書、国語辞典、何を見てもOKです。制限時間は10分だよ。では、スタート！

夢中にさせるコツ
バトルの前に2〜3問練習すると分解漢字の理解が深まります。たとえば「ハム（公）」「十二月（青）」など。

ベテラン教師のアドバイス
- ✔ 2のときに「わかった！」という子が出てくることも。指名して、代わりにタネ明かしをしてもらいましょう。
- ✔「さんずい→シ」「りっとう→リ」「草かんむり→サ」など、ルールを緩めにしたほうが分解漢字を作りやすくなります。
- ✔ 子どもたちがゲームに慣れてきたら、制限時間は5分でもOK。

PART 6 分解漢字づくりバトル

PART 6　各教科の学習意欲や能力を引き出すあそび⑬

スグでき！　かけ算の苦手意識を払拭して興味津々

先生はかけ算のマジシャン！

おすすめの学年 ＞ 高学年　　人数 ＞ 全員　　場所 ＞ 教室

あそびのねらい

先生が手品のように小道具を使い、大きなかけ算の答えを一瞬で当てるあそびです。子どもたちはその不思議に目を見張り、かけ算に対する興味が高まるでしょう。算数やお楽しみ会などにおすすめ。

用意するもの
- 紙　● マジック
- ホッチキス
- はさみ　● ノート
- 筆記用具

導入のことばかけ

「先生には、実は特別な能力があります。それは算数と関係のある能力なので、これからみんなに披露したいと思います。では、班ごとに席をかためてください」

●あそび方●●●●●●

1 先生が「2,3,4,5,6」の数字を提示し、子どもたちは班で相談して好きな数字を一つ選びます。

> 先生：2,3,4,5,6、この5つの数字の中から一つ、班で相談して選んでください。静かに相談して、先生に知られないようにしてね

2 子どもたちは各自、1で選んだ数字に142857をかけて、班で答え合わせをします。

> 先生：一人ずつ、さっき選んだ数字と、この数字、142857をかけ算してください

> 先生：かけ算は全員、できたかな？　では、班で答え合わせしてください。これも先生に聞こえないようにしてね

A3の長い辺の幅
A3の短かい辺の1/6

142857

ここがポイント　先生はその間に、紙の両端をホッチキスで留めてわっかを作る。

3 一班ずつ、先生に選んだ数字を告げます。

先生： では一班ずつ、2〜6の中から選んだ数字を先生に教えてください。では1班から

： 5です！

「5です」

4 先生がわっかをぐるぐると回したあと、一か所を切ります。

先生： 5ですね。では、『不思議なわっか』に注目！（ぐるぐると回して、一か所を切り）答えはジャーン！（と紙を広げる）

： すごーい！

ホッチキスでとめる
7 1 4 2 8 5

夢中にさせるコツ
最初は一生懸命考えるふりをし、2問目以降はさっと答えを明かすようにすると不思議感が高まります。

ベテラン教師のアドバイス

✔ タネ明かしをすると、子どもたちが選んだ数字に7をかけた答えの一の位がポイント。選んだ数字が5なら、$5×7＝35$、つまり5が一の位になる位置をはさみで切るとOKです。

✔ ここでは計算の練習より、かけ算に興味をもたせることが大事。楽しい雰囲気作りを心がけてください。

PART 6　先生はかけ算のマジシャン！

PART 6　各教科の学習意欲や能力を引き出すあそび⑭

スグでき！　電卓で計算のおもしろさを味わう

電卓あそび

おすすめの学年＞高学年　　人数＞全員　　場所＞教室

あそびのねらい

子どもたちは電卓を、単に計算が楽にできるものとしか認識していないでしょう。しかし、ゲームで電卓への興味が高まり、計算のおもしろさも味わえます。その結果、計算や算数に対して意欲的に。

用意するもの
- 電卓（人数分）
- プリント用紙
- 筆記用具

導入のことばかけ

「みんな、今日は電卓をもってきましたか？　でも、いつもの計算ではなく、今日は不思議な計算をします。さて、どんな計算でしょうか？　やってみましょう」

●あそび方

1 例題として、電卓の5を中心に、1から右回りに3ケタずつ足す（147＋789＋963＋321）と2220になることを確かめます。
1を起点に、左回りに3ケタずつ足しても2220になります。

先生：最初に例として、先生のいうように電卓を押してください

先生：1から1、4、7＋7、8、9＋9、6、3＋3、2、1と右回りに3ケタずつ足します。答えは何になった？

子ども：2220！

先生：では、同じように1から左回りに3ケタずつ足してみて。…まさか、また同じにはならないよね？

子ども：2220だ！

夢中にさせるコツ

子どもたちが答えを出す直前に「まさか〜」と言うと、答えが何になるのかという期待が膨らみます。

2 1と同じように、子どもたちは電卓を使って、3ケタの数を4個足すと2220になる計算を見つけます。

先生：ヒント。さっきの3ケタのたし算を式に書いてみよう。隣り合う3ケタの数字の一の位と百の位の数が、同じになっているよね？ まずは、足される数の一の位が足す数の百の位と同じ数になる、3ケタの数字を4個足して、答えが2220になる計算を見つけてください。ほかにも何個もあるけど、いくつ見つけられるかな

3 見つけたら、プリントに矢印で記入します。

先生：2220になったら、どのように3ケタずつ足したのか、プリントに矢印で書いてね。すぐに書かないと忘れちゃうよ

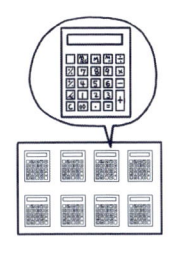

！ここがポイント 電卓のイラストを描いたプリント用紙を用意しておき、記入させる。

4 10分後、プリントを見ながら気づいたことを発表し合います。

先生：この2220になる計算には、ある法則があります。わかったかな？プリントをよ〜く眺めてみて

なんだろう？

先生：わかったら挙手してね

はい！ 矢印の先が5を中心に点対称になってる！

先生：正解！

ベテラン教師のアドバイス

✓ 子どもたちに配るプリント用紙には、電卓のイラストを8〜10個ほど並べて描いておきましょう。

✓ 電卓の数字の並び方に注目させるとよいでしょう。ちなみに、5を中心にした対角（1と9、3と7など）の和は「10」になります。

PART 6 電卓あそび

PART 6　各教科の学習意欲や能力を引き出すあそび⑮

スグでき! 子どもの誕生日をピタッと当てる!

先生は超能力者!?

おすすめの学年＞高学年　　人数＞何人でも　　場所＞教室

あそびの ねらい
子どもたちは不思議なことが大好きです。「なぜ、先生は誕生日を当てられるんだろう？」と興味をかきたてられ、先生の株が急上昇！　同時に、算数が苦手な子も計算への興味がわいてくるでしょう。

用意するもの
- ノート
- 筆記用具

導入のことばかけ
「今まで内緒にしていましたが、じつは、先生には超能力があります。それは、人の誕生日をピタッと当てるというもの。今日はみんなの誕生日も当てたいと思います」

●あそび方

1 子どもたちは誕生日を思い浮かべます。

> 先生：では、自分の誕生日を思い浮かべてください

(1月27日)

2 子どもたちはノートを使って計算を始めます。

> 先生：これからノートを使って、先生の言う通りに計算してね。では、生まれた月に2をかけて、5を足して、さらに10をかけます。その数から30をひいて、5をかけます。その数に誕生日の日にちを足してください

5を足して…

!ここがポイント
子どもたちが計算間違いしないように、ゆっくり丁寧に読み上げる。

3 計算が終わったら、先生が数人の子に答えを聞き、誕生日を当てます。

先生：○○さん、答えはいくつになった？

227です

先生：誕生日は、1月27日ですね？

227です！

1月27日ですね！

そうです！

夢中にさせるコツ

誕生日を当てるとき、瞬時に答えたり、超能力者をイメージしてオーバーな手振りをすると盛り上がります。

4 タネ明かしをして、家族や他のクラスの友だちに試してみるように促します。

先生：そろそろタネをばらしちゃいましょう。みんなの答えから、100を引いてみて

あっ！

先生：気づいたかな？ そう、答えから100を引いた数字の上2ケタが誕生月、下2ケタが日にちになるんです

へぇ〜！

先生：他のクラスの友だちや、おうちに帰ってから家族にやってみてね

ベテラン教師のアドバイス

- ✔ 算数に対して苦手意識が強くなったときや授業中、集中力が欠けているときに行うと◎。隙間の時間に手軽にできて、よいリフレッシュになります。
- ✔ 学級のお楽しみ会で先生が披露してもよいでしょう。
- ✔ ちなみにこの計算式は、$\{10(2a+5)-30\} \times 5+b=100(a-1)+b$ です。aは誕生月、bは日にちです。

PART 6 先生は超能力者!?

PART 6　各教科の学習意欲や能力を引き出すあそび⑯

スグでき！　大好きなシャボン玉で身体能力を高める

シャボン玉割り

おすすめの学年＞全学年　人数＞2人以上　場所＞校庭（広い場所）

あそびのねらい
シャボン玉を吹く＆割るあそびです。一度は割ったことがあっても、足を使ったことは少ないでしょう。子どもたちを夢中にさせ、手足を存分に動かさせることで身体能力の向上にもつながります。

用意するもの
- シャボン玉（人数分）

導入のことばかけ
「今日はシャボン玉であそびましょう。ただ吹くのではなく、二人一組になって、吹く人と割る人に分かれてもらいます。先生の言う通りに、次々と割ってね」

●あそび方

1 子どもたちは二人一組になってスタンバイします。

先生：では、二人一組になって〜。ジャンケンをして勝った子が先に割りましょう

2 先生の合図でスタート。まずは両手を使って割ります。

先生：これから先生の言う通りに、手や足を使って割ってね。準備はいいかな？

子ども：はーい！

先生：では、両手で〜！

ここがポイント
ルールを守ってあそばせるために、大きな声で指示を出すこと。

3 先生が声をかけて、足だけでシャボン玉を割ります。

先生：「次は、足で！ 手は使っちゃダメだよ〜」

夢中にさせるコツ
左足で踏む、右足で蹴る、右足と両手で、などと細かい指示を出すと難易度がアップ。子どもたちは必死に！

4 最後に両手両足を使ってシャボン玉を割り、割る人と吹く人を交代します。

先生：「はい、両手両足で〜！ いっぱい割ってね！」

「キャー！」

先生：「では、吹く人と割る人を交代しまーす」

ベテラン教師のアドバイス

- ✔ 3人組の場合は、吹く人を1人、割る人を2人にすると○。
- ✔ 先生の号令をよく聞いて即座に反応する俊敏性も養います。
- ✔ 子どもたちは、シャボン玉を吹くより割るほうが好きだったりします。最初に時間を決めて、不公平にならないように交代しましょう。
- ✔ 子どもにアレルギーがないか事前に確認を。低学年の子はとくに液を飲まないように注視しましょう。

PART 6 シャボン玉割り

PART 6　各教科の学習意欲や能力を引き出すあそび⑰

スグでき！ ナンバースクエアで数量感覚を身につける

どんな模様になるかな？

おすすめの学年＞全学年　人数＞全員　場所＞教室

あそびのねらい

数同士の関係を視覚的に把握するのに有効な「ナンバースクエア」。塗り絵をする感覚で、暗記になりがちな九九の数量感覚や規則性をつかむことができます。九九や倍数の単元のときにおすすめ。

用意するもの
- ナンバースクエアを書いた紙
- 筆記用具

導入のことばかけ

「これから九九のおさらいをします。でもちょっと変わった方法で、みんなにはこの（ナンバースクエアを見せて）マス目を塗りつぶしていってもらいます。鉛筆でもペンでもいいよ。終わったとき、どんな模様になるかな？」

●あそび方

1 子どもたちにナンバースクエアを書いた用紙を配ります。

1	2	3	4	5	6	7	8	9	10
11	12	13	14	15	16	17	18	19	20
21	22	23	24	25	26	27	28	29	30
31	32	33	34	35	36	37	38	39	40
41	42	43	44	45	46	47	48	49	50
51	52	53	54	55	56	57	58	59	60
61	62	63	64	65	66	67	68	69	70
71	72	73	74	75	76	77	78	79	80
81	82	83	84	85	86	87	88	89	90
91	92	93	94	95	96	97	98	99	100

ここがポイント
子どもたちが塗りやすい大きさに拡大コピーを。

2 先生がルールを説明します。

> これから先生が、九九の三の段を読み上げます。みんなは答えの数字を塗りつぶしていってね。全部終わったとき、どんな模様になるかな？

夢中にさせるコツ
「どんな模様になるかな？」と声をかけると期待感が高まります。子どもたちに予想させてから始めましょう。

3 先生が三の段を読み上げ、子どもたちは答えを塗りつぶしていきます。

先生：さんいちが

（3！）

先生：さんにが

（6！）

さざんが…？

4 できあがった模様を確認します。

先生：みんな、どんな模様ができたかな？

斜めのキレイな模様ができたよ〜

先生：キレイな模様ができたね！

できた！

> **ここがポイント** 2で予想をさせて、当たっている子がいたら褒めてあげる。

ベテラン教師のアドバイス

✔ 3のとき、子どもたちに答えを発声させながら塗りつぶしていってもよいでしょう。難易度は下がりますが、全員がキレイな模様を完成させることができ、クラスの一体感や達成感も味わえます。

✔ 学年によっては、三の段のあとに六の段、九の段と続けると、公倍数の概念も視覚的に理解できるでしょう。

PART 6 どんな模様になるかな？

PART 6　各教科の学習意欲や能力を引き出すあそび⑱

スグでき！　人名など暗記ものを定着させる

ボールより速く7つ挙げろ!

おすすめの学年＞高学年　　人数＞全員　　場所＞体育館など広い場所

あそびのねらい
ボールが一周するまでに、先生のお題に合った言葉を7つ挙げるゲームです。たとえば『戦国武将』などグループ分けできる人の名前や、何かの手順を定着させたいときに、楽しく復習できます。

用意するもの
- 小さなボール（野球ボールなど）
- お題を書いた紙

導入のことばかけ

「みんなで円になって、このボールを使って授業の復習をしたいと思います。まず、ボールを隣の人に次々と回していきます。途中で先生がお題と解答者を言いますから、その人は次にボールが回ってくるまでに、そのお題に合った答えを7つ挙げなければなりません。わかったかな?」

●あそび方

1 子どもたちは円を作り、ボールを時計回りに受け渡していきます。

先生：ボールは投げちゃダメだよ〜。ちゃんと手渡してね

2 先生が円の外からお題をいいます。たとえば「戦国時代の人」など。

先生：では、お題を言います。「戦国時代の人」!　〇〇くん!

ここがポイント
お題を言った直後くらいにボールを受け取る子を指名する。

3 指名された子どもは、ボールが一周してくるまでに、お題に合った答えを7つ挙げます。言えなかったらアウト!

織田信長! 徳川家康! 豊臣秀吉! 武田信玄! …

アウト!

残念! アウトは2回までだよ。次はがんばって!

先生

4 3回アウトになったら円から外れて、先生の横で応援します。

夢中にさせるコツ

アウトになった子に「次のお題は何がいいかな?」など相談すると、疎外感を感じさせずに楽しめるでしょう。

ベテラン教師のアドバイス

✔ お題は、幕末を生きた人、徳川幕府の将軍、九州の県名など授業の進度に合わせてたくさん用意しておきましょう。

✔ 理科の実験で「ガスバーナーを使う手順」などもおすすめ。そのときは数にこだわらず、手順が合っていれば正解とします。

✔ 答えさせる数は7つでも、6つや8つでもOK。クラスの人数などを鑑みて先生が決めてください。

○月×日 日直

PART 6 ボールより速く7つ挙げろ!

PART 6 各教科の学習意欲や能力を引き出すあそび⑲

スグでき！ 歴史上の人物の特徴を楽しく定着させる

あなたが好きな歴史上の人物は？

おすすめの学年＞高学年　人数＞全員　場所＞教室

あそびのねらい

好きな歴史上の人物について調べて当て合うゲーム。先生が教科書の範囲を絞ることで、授業で習った人物の復習が楽しくできます。文豪や俳人をテーマにすると、国語の授業でも活用できます。

用意するもの
- 紙
- 教科書
- 筆記用具

導入のことばかけ

「みなさんは、歴史上の人物で誰が好きですか？　今日はこれから、自分の好きな人物を1人選んで調べてもらいます。それを使ってゲームをしましょう!」

●あそび方

1 先生が教科書の範囲を指定します。子どもたちは好きな歴史上の人物について調べ、紙に書き出します。

> 先生：教科書の○ページまで、今まで授業で習った人から選んでください。その人がどんな人物か、出身地や、何をしたかなど、紙に書いてくださいね。10個以上書けるようにがんばりましょう

2 5～10分後、先生に指名された子ども（出題者）が前に出て、歴史上の人物のラストネームの1文字目を告げます。たとえば、北条政子なら「ま」。

> 先生：では、○○くん。前に出て、その人物の名字ではなく名前の1文字目をみんなに教えてください

> よ！

ここがポイント　ラストネームでは難しそうなら、名字の1文字目にしてもOK。

3 ほかの子どもたちはその人物を当てるために質問をし、
出題者は「Yes」「No」で答えます。

先生：よしこちゃんか、よしおくんか…？ その人物を当てるために、みんなは挙手をして〇〇くんに質問してください。〇〇くんはイエスかノーで答えてね。では、始め！

— 男ですか？
— イエス
— 江戸時代の人ですか？
— ノー

夢中にさせるコツ

的を射た質問が出ないときは「鎌倉幕府を開いた人ですか？」など具体的な質問をしてゲームを進めてあげましょう。

4 正解した子が次の出題者になります。
先生が決めた制限時間内、繰り返しあそびます。

— 源頼朝だ！
— イエス！

先生：正解が出たね！ では、次は〇〇さんが前に出てください

ベテラン教師のアドバイス

✔ 終了後、先生は紙を回収して保管しておいてください。
次回は2から始めて、全員が出題者になるように順番を回します。
その際、既出の人物について調べていた子には、
前に出て、紙に書き出していることを発表してもらいましょう。

✔ 紙を通覧すると、子どもたちがどんな人物を好きで、
各自、どのくらい理解を深めているかがわかります。

PART 6 あなたが好きな歴史上の人物は？

PART 6　各教科の学習意欲や能力を引き出すあそび⑳

スグでき！　**動詞に親しみ言葉の豊富さを知る**

コーヒーポット

おすすめの学年＞中学年　人数＞全員　場所＞教室

あそびのねらい
英語圏で行われている、動詞を当てるあそび。動詞、形容詞といった文法用語を強調することなく、品詞を楽しく定着できます。先生が時折、出題すると、子どもたちは言葉の豊富さに気づきます。

用意するもの
● 特になし

導入のことばかけ
「これから、動詞を当てるあそびをしたいと思います。これは外国のあそびで、『コーヒーポット』と言います。変わった名前でおもしろそうでしょう？」

●あそび方

1 解答者を一人指名し、廊下で待機してもらいます。

先生：解答者は〇〇くんにお願いします。少しだけ廊下で待っていてください

ここがポイント　解答者は公平に日直がよい。1回目はルール説明を兼ねて行う。

2 先生と教室にいる子たちは、一つの動詞を決めます。たとえば「泳ぐ」「走る」など。

先生：では、動詞を決めるのは〇〇さんにお願いしましょう。前に出て、黒板に書いてください

（「おどる」と板書する）

先生：みなさん、わかりましたね？

はーい！

3 解答者が教室に戻り、2の動詞を当てるための質問をします。
その際、2の動詞を「コーヒーポット」と呼びます。

先生：これから5分間で質問をしてコーヒーポットを当ててください

ライオンはコーヒーポットができますか？

できませ〜ん

人間はコーヒーポットができますか？

できまーす！

（吹き出し）できます！／コーヒーポットは動きますか？

夢中にさせるコツ
子どもが質問につまったら「この中で一番コーヒーポットが上手なのは誰かな？」など助け船を出してあげて。

4 5分以内に、解答者はコーヒーポットに該当する答えを当てましょう。

コーヒーポットは、おどる、ですか？

正解でーす！

（吹き出し）おどる／正解！／正解！

ベテラン教師のアドバイス

✔ 2の動詞を決めるとき、先生があらかじめカードにいくつかの動詞を書いておき、代表者が1枚ひく形で選んでも。子どもたちがパッと思い浮かばない動詞を問題にすることができます。

✔ 英語は動詞がないと文として成立しないものなので、このように動詞に着目したあそびがあるものと考えられています。子どもたちが日本語と英語の違いに興味を示すとよいですね。

PART 6　各教科の学習意欲や能力を引き出すあそび㉑

スグでき！ 都道府県の名前と特徴が覚えられる

毎日5分！　都道府県クイズ

おすすめの学年＞中・高学年　　人数＞3〜4人　　場所＞教室

あそびのねらい

3つのヒントから都道府県を当てるクイズです。班で協力して、クイズを子どもたちに作らせることがポイント。毎日5分間、クイズを行うことで、都道府県の名前と特徴が自然に覚えられます。

用意するもの
- ノート
- 筆記用具

導入のことばかけ

「みなさんは、日本の都道府県がいくつあるか知っていますか？（知っていますね？）そう、47です。そこでいきなりですが、クイズを出します」

●あそび方

1 先生が3つのヒントを出し、都道府県を当てさせます。

先生：今から、ある都道府県について3つのヒントを出します。どこの都道府県か当ててください

難しそう〜！

先生：では、ヒントその1、「都道府県の中で一番面積が広い」、ヒントその2「一番北にある」、ヒント3…

2 子どもがクイズに答えたら、先生は本題に入ります。

北海道！

先生：正解！　と、このようなクイズを班で協力して作ってもらいます。教科書、地図帳、旅行のパンフレットなど、どんな資料を使っても構いません。3つのヒントがある都道府県クイズの問題を、班で10個作りましょう

3 子どもたちはクイズの問題を作り始めます。

先生:「制限時間は1時間です。よーい、スタート！」

ここがポイント

班で作成する時間を設定することで、作り方に自信のない子どもも班の友だちからアイデアをもらい、自主的に作るようになる。

4 各班のクイズの準備が整ったことを確認したら、班ごとに前に出てクイズを出します。各班日替わりで、毎日5分程度、継続して行います。

夢中にさせるコツ

5分という短時間なので、子どもたちは「もっとやりたい！」という気持ちで終わり、翌日への期待を高められます。

ベテラン教師のアドバイス

- ✔ 地図帳の学習が始まるときに実施するとよいでしょう。
- ✔ 同じ都道府県でも3つのヒントの内容が異なることがあり、さまざまな特徴を知ることができます。
- ✔ クイズを発表するために事前の練習をすることで、自信をもって臨めるように。失敗してもすぐに班の順番が回ってくるので、徐々に上達するでしょう。

PART 6 毎日5分！都道府県クイズ

PART 6　各教科の学習意欲や能力を引き出すあそび㉒

スグでき！ 難読漢字に親しみ、読み・書きの力を養う

フラッシュカードで難読漢字に勝つ！

おすすめの学年＞中・高学年　人数＞3〜4人　場所＞教室

あそびのねらい
難しい読みの漢字も、フラッシュカードで繰り返し読む中で自然に定着します。そのカードを自分たちで作成したら、なおさら意欲的に取り組むはず。漢字に興味がわき、読み書きの力を鍛えます。

用意するもの
- 画用紙
- マジック

導入のことばかけ

「いきなりですが、クイズです。この漢字（『海月』）を読めますか？（子ども「うみづき？」）残念！　この漢字は『クラゲ』と読みます。このように、漢字には難しい読み方のものが山ほどあります。これを『難読漢字』といいます」

●あそび方

1 子どもたちは1時間で難読漢字を探します。

先生：「これから班のみんなで協力して、難しい読みの漢字をたくさん探してもらいます。漢字ドリル、辞書、図鑑、何を見てもよいです。制限時間は1時間。はい、スタート！」

夢中にさせるコツ
先生が「この漢字、読めないなぁ！」などと褒（ほ）めると、より難しい読みの漢字を探そうと意欲が高まります。

2 班で相談して、難読漢字を10個にしぼります。

先生：「今まで探した難しい読みの漢字を、班で相談して10個にしぼってください」

ここがポイント　時間内に数のそろわない班があった場合、家庭学習等で探させる。

3 すべての班の準備が整ったのを確認したら、画用紙（フラッシュカード）に清書させます。

先生：（手本を見せて）このように、難読漢字をカードに清書してください。この大きさの字なら、一番後ろの子も読めるよね？

はーい！

4 フラッシュカードを回収し、毎日、5分程度の短時間で繰り返し読みます。

先生：みなさん、おつかれさまでした。とってもよいフラッシュカードができたね。さっそくみんなで読み上げましょう

ふぐ！（河豚）

先生：（5分後）今日覚えた難読漢字があったら、おうちの人に披露しましょう

ベテラン教師のアドバイス

✔ 5分間程度の短い時間で毎日継続して行いましょう。短期記憶の繰り返しによる長期記憶化をねらいます。

✔ 学期ごとに新しい漢字ドリルが配布されたら、そのタイミングでフラッシュカード作りを行うのがベスト。ドリルの熟語や例文から探そうと、熟読する子どもが出てきます。

PART 6　フラッシュカードで難読漢字に勝つ！

PART 6 各教科の学習意欲や能力を引き出すあそび㉓

スグでき！ 部首や漢字に興味をもたせるあそび

オリジナル部首別漢字辞典

おすすめの学年＞中・高学年　人数＞3〜4人　場所＞教室

あそびのねらい

同じ部首の漢字を探すゲームです。繰り返すうちに、その部首がつく漢字の共通点を意識するように。初めて見る漢字の意味を想像したり、読み方を考えたり、漢字に興味をもつようになります。

用意するもの

- 部首カード（10×15cmくらい）
- 原稿用紙（B5サイズ）
- 辞書
- 筆記用具

導入のことばかけ

「（『海』『湖』『河』の字を板書して）これらの共通点は何でしょう？（子ども『さんずい』がつく！）正解！ これから班の仲間と協力して、同じ部首がつく漢字をたくさん見つけてもらいます。そして班ごとに一冊の辞典を作っていきましょう」

●あそび方

1 先生は部首を書いたカードを作っておき、班の代表が引いて、調べる部首を決定します。

先生：では、班ごとに調べてもらう部首を決めます。班の代表者はここから1枚、カードを引いてください

くさかんむりだ！

夢中にさせるコツ

先生が各班に部首を割り振ってもよいのですが、カードを使ってゲーム感覚にすると、気分が盛り上がります。

2 先生が各班に原稿用紙を配ります。

先生：各班に1枚ずつ、用紙を配ります。鉛筆でよいので、ここになるべくたくさん書きこんでいってね。辞書を引いて調べる人、清書する人など、役割を決めて協力することが大切だよ！

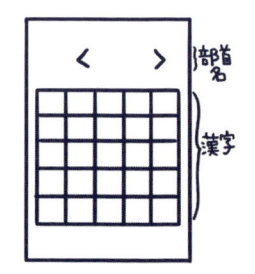

3 子どもたちは5〜10分間で、1の漢字をなるべく多く調べて記入します。

先生：制限時間は5分です。よーい、スタート！

4 5〜10分後、先生が回収し、班の人数分、コピーをして穴を開け、子どもたちに戻します。これを毎日繰り返し、子どもたちはファイリングして辞典を作っていきます。

明日は何の部首かなぁ？わくわく。おうちでちょっと辞典を見ておこう！

🔴 **ここがポイント**
短時間で終わらせることで、子どもたちの興味を持続させる。

ベテラン教師のアドバイス

✔ 部首や辞書の使い方を学習する3年生以降におすすめです。

✔ 1のとき、最初は「くさかんむり」「木へん」など種類が多くて見つけやすい部首をお題にしましょう。

✔ たとえば「古い」に「くさかんむり」を足すと「苦い」「木へん」を足すと「枯れる」など、漢字の覚え方のコツも発見できるようになります。

PART 6　各教科の学習意欲や能力を引き出すあそび㉔

スグでき！ テストの出題傾向を意識して楽しく復習

テストを予想！　直前クイズ大会

おすすめの学年＞全学年　　人数＞3〜4人　　場所＞教室

あそびのねらい
テストを行うたびに前日にクイズ大会を開きます。出題者は子どもたち。クイズ大会までの期間、班ごとにテストの予想問題を作成します。復習を兼ねられることはもちろんチームワークも高めます。

用意するもの
● ノート
● 画用紙
● サインペンなど

導入のことばかけ

「来週の月曜日にテストをします。（子ども「えぇ〜！」）テストまでの1週間、班の仲間と協力しながら予想問題を作りましょう。その問題をクイズにして、『テスト直前クイズ大会』を開催します！　では、班で机をくっつけて〜」

●あそび方

1 毎授業、45分のうち10分ほどクイズ（テストの予想問題）を作る時間に当てます。目標は10問。

ここがポイント
最初はなかなか予想が当たらないもの。クイズ大会を繰り返すうちに、徐々にテストの出題傾向を考えて作成するようになる。

2 テストの前日、クイズ大会を開きます。各班、前に出てクイズを出題します。

先生：では1班から前に出て、問題を出してください

第1問。昆虫の体は3つに分かれています。何と何と何でしょうか？

昆虫の体は□と□と□に分かれている

3 子どもたちはノートに答えを記入し、答え合わせをします。

> 正解は、頭、胸、腹です

先生
> わからなかった子はノートに書き込んで、あとで復習しようね

4 正解のわからなかった子は家庭で復習してからテストに臨（のぞ）みます。

先生
> （テストが終わったあと）この問題は、3班が作ったクイズとほとんど同じだね！すごいチームワーク！みんなは3班に感謝の拍手！

（クイズ大会でやった!!）

夢中にさせるコツ

班で協力して良いクイズを作ったことを褒（ほ）めてあげると、達成感が高まり、また予想を的中させようと意欲的に。

ベテラン教師のアドバイス

✓ 月曜日にテストを行うなら、その前週の月曜に宣言し、月〜金曜日までをクイズ問題の作成期間とします。金曜日にクイズ大会を行い、とくに正解のわからなかった子には土曜・日曜日に家庭で復習するように促します。

✓ クイズ大会に向けて班で出題練習を繰り返し行うことで、自然に役割分担や学級全体の前で発表する声の大きさなどについて考えるように。知識や理解以上の力が身についてきます。

PART 6　テストを予想！ 直前クイズ大会

●監修　上條晴夫（かみじょう はるお）

1957年　山梨県生まれ。山梨大学教育学部卒業。小学校教師・児童ノンフィクション作家を経て、教育ライターとなる。現在、東北福祉大学子ども科学部子ども教育学科教授。特定非営利活動法人 授業づくりネットワーク理事長。学習ゲーム研究会代表。おもな著書に、『さんま大先生に学ぶ―子どもは笑わせるに限る』（フジテレビ出版）、『「勉強嫌い」をなくす学習ゲーム入門』『子どものやる気と集中力を引き出す授業30のコツ』（ともに学事出版）など多数。

ナツメ社Webサイト
https://www.natsume.co.jp
書籍の最新情報（正誤情報を含む）はナツメ社Webサイトをご覧ください。

ベテラン教師が教える 目的別 スグでき! 学級あそびベスト100

2012年　4月　5日　初版発行
2021年　7月　1日　第15刷発行

監修者　上條晴夫（かみじょうはるお）　Kamijo haruo, 2012
発行者　田村正隆

発行所　株式会社ナツメ社
　　　　東京都千代田区神田神保町1-52
　　　　ナツメ社ビル1F（〒101-0051）
　　　　電話　03（3291）1257（代表）
　　　　FAX　03（3291）5761
　　　　振替　00130-1-58661

制　作　ナツメ出版企画株式会社
　　　　東京都千代田区神田神保町1-52
　　　　ナツメ社ビル3F（〒101-0051）
　　　　電話　03（3295）3921（代表）

印刷所　ラン印刷社

ISBN978-4-8163-5207-2　　Printed in Japan
＜定価はカバーに表示してあります＞
＜乱丁・落丁本はお取り替えします＞
JASRAC 許1204682-115

本書の一部または全部を著作権法で定められている範囲を超え、ナツメ出版企画株式会社に無断で複写、複製、転載、データファイル化することを禁じます。

●スタッフ
あそび考案
池内　清（聖学院小学校）
佐内信之（東京都杉並区立方南小学校）
柴崎　明（横浜英和女学院中学高等学校）
鈴木啓司（千葉県市川市立曽谷小学校）
竹松克昌（神奈川県茅ケ崎市立鶴嶺小学校）
田中博司（東京都杉並区立杉並第九小学校）
田中光夫（東京都八王子市立陶鎔小学校）
田村一秋（聖学院小学校）
濱住聖史（聖学院小学校）
山田将由（神奈川県横浜市立六つ川台小学校）

本文デザイン――大谷孝久（CAVACH）
本文イラスト――竹内いつみ、みやれいこ、山下光恵
執筆協力――河野貴子
編集協力――株式会社 童夢
編集担当――田丸智子（ナツメ出版企画株式会社）

■参考文献

たんぽぽ出版『5分間でできる学級遊び』（P.18）／民衆社『授業でつかえる算数あそびベスト50＜小学校5,6年＞』（P.20、202）／いかだ社『準備いらずのクイック教室遊び』（P.22、28、66、78、86、132、142、150、172）／東洋館出版『特別支援教育コーディネーターのための対人関係ゲーム活用マニュアル』（P.24、58、60、88）／国際理解教育・資料情報センター出版部『いっしょに学ぼう Learning Together 学びかた・教えかたハンドブック』（P.26、92、170）／小学館『楽しい学級遊び』（P.32、34、124、126、128）／旬報社『学びへのウォーミングアップ70の技法』（P.40、72）／嵯峨野書院『静かな力 子どもたちに非暴力を教えるための実践マニュアル』（P.42、80、160、162）／明石書店『グローバル・クラスルーム 教室と地球をつなぐアクティビティ教材集』（P.46、48）／国際理解教育・資料情報センター出版部『わたし、あなた、そしてみんな 人間形成のためのグループ活動ハンドブック』（P.50）／明石書店『障害のある子どものための遊びと学びのアクティビティ』（P.56、62、206）／柏書房『ネイチャーゲーム』（P.64、94、134）／解放出版社『多様性トレーニング・ガイド 人権啓発参加型学習の理論と実践』（P.74）／大修館書店『英語のゲーム101』（P.76、192、194）／McGraw-Hill『Great Big Book of Children's Games』（P.82、98、100、180、210、212、214）／Lay-Flat Binding『201 Games for the elementary physical education program』（P.90）／明石書店『地球市民を育む学習』（P.108、110）／明治図書出版『世界の子どもの遊び事典』（P.112）／杏林書院『みんなのPA系ゲーム243』（P.114）／図書文化社『ワークショップ型授業で国語が変わる』（P.116）／学事出版『授業導入ミニゲーム集』（P.118、154、164、166、168、198）／いかだ社『学級担任のための遊び便利帳』（P.122）／School Specially Publishing『THE COMPLETE BOOK OF TRAVEL GAMES』（P.130）／民衆社『授業でつかえる漢字あそびベスト50』（P.138）／文教書院『バスの中や集会での楽しいゲーム』（P.140）／いかだ社『5分の準備でクイック算数遊び&パズル』（P.144、200、204）／教育同人社『とことん使いこなそう! くりかえしドリル100％の活用術！ 計算ドリル編』（P.146）／学事出版『授業づくりネットワーク2003年9月号』（P.148）／主婦の友社『向山式 おもしろ学習ゲーム』（P.152）／たんぽぽ出版『学習遊び』（P.156、158、176、178）／講談社『発達障害の子のビジョン・トレーニング』（P.182）／主婦の友社『続向山式 おもしろ学習ゲーム』（P.184）／小学館『小三教育技術 平成18年度10月増刊』（P.186）／国際理解教育・資料情報センター出版部『ワールド・スタディーズ 学びかた・教えかたハンドブック』（P.188）／晩成書房『ドラマケーション 5分間でできる人間関係づくり』（P.190）／学事出版『授業づくりネットワーク2002年10月号』（P.196）／日本文化科学社『DN-CASによる子どもの学習支援』（P.208）／学陽書房『基礎学力がつくワークショップ型授業』（P.216、218、220、222）